U0918844

别让猪上树

企业低成本高效率用人法则

王洪浩 著

CNS PUBLISHING & MEDIA 湖南人民出版社 博集天卷 CS-BOOKY

图书在版编目（CIP）数据

别让猪上树 /王洪浩著.—长沙：湖南人民出版社，2012
ISBN 978-7-5438-8849-4

Ⅰ.①别… Ⅱ.①王… Ⅲ.①企业管理—人才管理—通俗读物 Ⅳ.①F272.92-49

中国版本图书馆CIP数据核字（2012）第239971号

上架建议：企业管理

别让猪上树

作　　者：王洪浩
监　　制：伍　志
责任编辑：胡如虹
策划编辑：于向勇
特约编辑：郝婷婷
版式设计：博越图文
封面设计：姜利锐

出版发行：湖南人民出版社［http://www.hnppp.com］
地　　址：长沙市营盘东路3号
邮　　编：410005
经　　销：新华书店

印　　刷：北京天宇万达印刷有限公司
版　　次：2012年11月第1版
印　　次：2012年11月第1次印刷
开　　本：700mm×1000mm　1/16
印　　张：16
字　　数：180千字
书　　号：ISBN 978-7-5438-8849-4
定　　价：35.00元

（若有质量问题，请致电质量监督电话：010-84409925）

自序

猪永远上不了树

在写这个序的时候我首先不是要感谢谁，而是要抱怨一下杨嵩，如果没这个家伙提出让我去参加《老板是怎样炼成的》这个节目，我这本书将要厚很多。通常我每写一本书就要吐血一升，但是在写这本书写到75%的时候，这个家伙让我去做《老板是怎样炼成的》的节目评委，我也没少上过电视节目，以为肯定轻轻松松就能对付过去了。不曾想这个节目的制片人刘爽是一个有强迫症的家伙，对很多问题有病态的执着。他当地主，我当苦力。如果地主很“敬业”，苦力也没辙，只能跟着耗。东家都起床了，苦力还能睡美容觉？而张绍刚我就不说了，全国人民都看到了，那是一个“刚刚”的！所以在这个节目中我吐血半升。人的血就这么多，节目中吐了半升，写书需要的血就没得吐了，干哕了几下，吐出了些胆汁，书就悄悄地杀青了。所以如果你们怨我书没有写到位，不要找我，找杨嵩、刘爽或者敬爱的张老师。不过我相信天道酬勤，《老板是怎样炼成的》这个节目一定能成功，否则我吐的血

不白吐了？

不过话说回来，在中国现如今浮躁的社会中，貌似大家也不太需要那些大部头的书，所以我觉得其实一本书厚不厚不重要，观点对不对才重要，有没有启发更重要。从这方面讲，我肯定对得起自己的良心，至少扯淡的话我基本没说。

谈到这里，我要和老板、高管们说句私房话，如果你因为同情谁而给谁一个工作，基本上你就等着将来被别人同情吧。找不对人，一定干不成事。千万不能犯让猪上树的错误。穷一生之力未必能让猪上得了树，而找只猴子无论如何也花费不了这么大的力气。所以，千万别因为你第一眼看到一头猪就图省事，不想再找了，一拍脑袋说："就你了，给我赶紧上树！"

有人说："老王，你这种说法岂不是歧视人？你这不是剥夺别人上进的权利吗？"其实我觉得特别好回答，大家实际上也都有答案，只不过中国人含蓄，即使知道也不说。算了，还是我来做恶人吧。不能让猪上树的原因有二：第一，猴子有猴子的舞台，猪有猪的舞台，猪的舞台在圈里，硬让人家上树不是帮助，是歧视；第二，培训和自我修炼虽然能解决部分问题，但解决不了全部，而且结果不可知，时间不可控。不排除有基因突变的，但是概率小，周期长。

行了，我也不在这里磨磨叽叽了，如果有兴趣，赶紧看正文吧。如果你想对我有更多了解，很简单，上新浪微博，找“科特杰王洪浩”。赶紧去关注我。如果觉得我写得不好可以约架，如果觉得我实在才华横溢，约×××（此处省略N字）也是可以考虑的。

目录
CONTENTS
别让猪上树

别让猪上树

第一章

别笑，猪真的上不了树

猪没有错，你错了

中国到处散布着伪科学，最让人郁闷的就是那些忽悠大师的“心灵鸡汤”了。那些所谓的潜能课程基本上都是垃圾，这些垃圾却利用各种机会毒害大众。我们从来没有这么危险过，因为蠢材是如此之多，而且如此嚣张，以至于精神正常的人都会怀疑自己是不是疯了。一个不学无术的人告诉学员：“你没有心脏，所以你的心脏不会痛。”他不但没有被抓起来，反而成为成功学导师。一个“学者”告诉大家细节决定成败，于是很多缺乏思想的领导就找到了借口，批评手下：“看见了吧，我没有错，是你们这些办事的没把细节做好。”各种各样的“专家”正在成为政客和企业家的座上宾。这是一个什么样的世道!

我始终认为，如果一个人像武大郎一样高，你鼓励他打篮球就是非常不道德的。而一个人如果和李逵一样壮，咱们就不应该让他去跳芭蕾舞。如果一个人是个插标卖首的，我看就别忽悠人家学关二爷了，青龙偃月刀好拿，但掉下的不知是谁的脑袋。做任何事情不能唯心，要尊重事实。作为管理者，不要说正确的废话，不要做投入产出比太低的事情。怎么说

呢？就是不能鼓励猪上树。如果猪上不了树，不能证明猪错了，只能证明让猪上树的人错了。

无论是企业还是国家，领导者都不得不借助管理实现自己的意图。事必躬亲可以说是一个理想，但是实施起来基本上是一个笑话。管一个村子还行，管一个乡镇基本到顶了，管一个县级市就只能“死而后已”了。所以，要想成大事，必须先招英才，没有人，什么也甭想。但是，有人就有了一切吗？当然不是！所谓“人人是人才”的说法是最蛊惑人心的假话。人和人之间的个体差异太大，就好比姚明和武大郎的身高不同，他们都去扣篮，都尽力了，结果必然不同。如果企业家是教练，最可怕的就是训练武大郎去打篮球，你尽力了，他也尽力了，但是大家都没有取得任何成绩，大家的自信心都被摧毁。就好比你让猪去上树，猪上不去。猪没有错，错的是你。

但是，历史上试图让猪上树的例子实在是太多了，我们来随便看几个。

秦末豪杰并起，牛人无数，刘邦将他们一一灭掉，但是，刘邦选了一个柔弱的刘盈做太子。照理说刘邦不止这一个儿子，而且做了多年政治流氓，不可能没有这点儿鉴别力，换个强悍点儿的儿子不就行了。可是在张良等大臣力荐，商山四皓等“社会名流”也纷纷愿意充当高级顾问的情况下，老刘决定让儿子试一下。结果毫无悬念：吕后专权。如果不是老刘家运气不错，汉王朝没准儿也二世而亡了。

李后主的词写得多好啊！“帘外雨潺潺，春意阑珊。罗衾不耐五更寒。梦里不知身是客，一晌贪欢。独自莫凭栏，无限江山。别时容易见时难。流水落花春去也，天上人间。”真是千古绝唱啊！可是他不是当皇帝的料，国家被灭了，老婆也被人抢了。

清朝道光年间，清政府面临中国千年未有之大变局：英国人打到家门口，农民起义接二连三。对于道光来说，选择接班人决定着帝国的命运。但是，道光选择了貌似忠孝两全的咸丰，而放弃了雄才大略的皇六子奕䜣。结果致使太平天国运动和英法联军火烧圆明园相继发生。如果不是接盘手慈禧早年还算治国有方，清朝没准儿连同光中兴都看不到就灭亡了。基本上，道光这个选择就是把清王朝直接送进了棺材，从而丧失了挽救清朝的最后机会。

有一个非常有趣的现象，就是很多人总是干一些吃力不讨好的事情，比如有人说猪为什么上不了树，咱们将树砍倒，猪不就能上去了吗？咱们让猪去健身房，给它请个教练，假以时日它未必就不如猴子！这想法的确非常诙谐，貌似诡辩或脑筋急转弯——这么累，干吗不直接找只猴子？猪

有猪的战场，猪有猪的尊严，猪上不了树，你硬是让它上树，它上不去很郁闷，你也非常郁闷。你刺伤了猪的自尊心，让猪觉得自己很没用，你是多么地残忍！你不是在给猪机会，而是在伤害它。

别让猪爬树

这是一个非常刺激的时代：你以为你在吃果冻，其实你正在吃自己扔掉的一只旧皮鞋；你以为你在喝牛奶，其实你在喝三聚氰胺；你以为你在吃咸蛋，其实你正在品尝苏丹红；你认为你请了一个精英，其实你雇了一个中看不中用的银样镴枪头。当你让猴子上树的时候，一定要分清它究竟是猴子还是猪，没准儿它是打扮成猴子的猪。这世界貌似李逵其实是李鬼的太多了，假货永远多过真货。两千多年前，一个叫赵括的同志一心精忠报国，要灭掉打过来的秦国。他有一个爱好就是依照兵法谈论兵事，不过当时没有大学所以他当不了“教授”。他受将军之权后，带着四十万军队出兵了。结果中秦将白起之计，四十万大军被活埋。自己蠢也就罢了，连累四十万兄弟就不厚道了。

通常，猪不会主动承认自己是猪，更要命的是猪未必认为自己是猪，这就要求大家要弄清楚什么是猴子，什么是猪。其实我觉得这个问题并不算特别困难，我们可以从几个方面来进行鉴别。

首先，我们可以看一下过往的业绩。假如现在有一棵十米高的树要爬，我们要先看一下此君有没有上过八米高的树。如果曾经上去过，我可以给你机会尝试一下爬十米高的树。如果连六米高的树你也没有上去过，对不起，我们就不提供试验平台了。

其次，我们要将猴子脸谱化，猪也脸谱化。脸谱化虽然有点儿武断，但是基本上符合规律。猴子的四肢很长，猪的四肢很短；猴子有一身肌肉，猪有一身肥膘。基本上，根据体貌特征就可以排除很多争议。我曾经和同事面试了一个候选人，我告诉同事此人的经历是假的。同事问我："交谈不到20分钟你怎么知道？"我说："他自称年薪100万元，但西装廉价，说话空洞无物，绝对不是久居高位的做派。"同事做了一下调查，此人果然属于正宗的"水货"。

最后，用实践去检验。实践是检验真理的唯一标准，最后一关就是给他一棵树让他试一试，能爬上去，算他牛！以后很多树等着他上，上不去，对不起，就不麻烦他了。一些常败将军你用他干吗！

很多哥们儿看到这里一拍大腿，说：“我也不想让猪上树啊，但咱就这个家底怎么办？咱这里没有猴子啊！”谈到这里，让我想起前些天有人讨论没人可用和用错人究竟哪个比较悲哀。其实，我觉得这基本上是一个伪命题，就好比问没有空气和有毒气究竟哪个更令人难以接受。这是没有必要讨论的话题。天下之大，居然找不到一只猴子？蜀中无大将，也不能让廖化为先锋啊！花点儿工夫招聘吧。有了足够好的招聘逻辑，招聘区区几只猴子不成问题。在此，我介绍一下专门帮你找猴子的机构——猎头公司。

猎头，一个褪去光环的行业

我相信对于大多数职场中人来说，猎头这个词并不陌生，而且自从猎头这个行业进入中国以后，就变得逐步山寨化了。记得在十多年前我混迹于跨国企业的时候，猎头要么说一口标准的美式英语，要么说英语带着法国口音，就是说普通话的时候，也动不动就“兄弟在英国的时候……”。现在一切都过去了，大家接到的猎头顾问的电话五花八门：带地方口音的，说话不过脑子的（当然也可能的确脑容量偏低），比比皆是。有一次和一个哥们儿在吃午饭，他的电话忽然响了起来，电话那头焦急地说：“你好，俺是猎头，俺有高级职位推荐给你。”哥们儿问：“什么职位，能介绍一下吗？”猎头回答：“品牌经理，高级职位啊，年薪30万元，赶紧给简历！”哥们儿有些不高兴，但假装绅士地说：“非常感谢，不过对我来说可能不合适。我现在是总经理了，年薪100多万元了。”猎头锲而不舍，答曰：“你又怎么知道不合适呢？前几天我刚刚把一个70多万元的候选人20万元就卖了！还有……”哥们儿心理素质不佳，实在扛不住，强行挂了电话，向我发牢骚：“老王，你们行业怎么都是这种人。”由于离得近，我在旁边已经听得非常清晰了，我一直在忍着笑，我说：“哥们儿，这个小兄弟肯定刚刚入行，公司对他的培训也不太好，老板肯定是让他在说服客户的时候说‘俺能把年薪70万元的人给你谈成20万元’。当然这种话也是胡扯，只能忽悠一些不成熟的客户。这个哥们儿一紧张就用错地方了。”开导完这个哥们儿我也郁闷了，猎头到底怎么了？这种人怎么也自称猎头了？好吧，我们先看一下猎头是什么吧！

猎头属于人力资源咨询的一个分支，说得直接一点儿，猎头是一种比较直接和快捷的管理咨询。猎头的真正名称应该叫“管理人员搜寻”（Executive Search），这个行业是第二次世界大战以后才兴起的。由于这个行业搜寻的对象是高级管理人员及技术人员，所以它和职业介绍有非常大的区别，说到底是管理咨询的一个分支而不能算作中介。猎头的作用

就是帮助他的客户获取稀缺的人力资源，猎头存在的目的不是为了解决就业问题，而是在于帮助有支付能力的企业找到最合适的人才。猎头顾问既需要有很强的分析能力，也需要有很好的说服能力，否则他对客户的附加值就非常少了。

我将猎头公司的通用工作流程做一下简单的阐述。我相信，只要你和这个行业有点儿交集，这些知识是用得着的。

第一步，需求分析。

- ◆ 猎头首先需要深度了解客户，为提供具备附加值的解决方案做准备。
- ◆ 猎头通过和客户的紧密合作来全面和透彻地理解客户的组织架构、文化、生意策略和管理风格。
- ◆ 在猎头深入了解相关职位并取得客户的正式委托后，正式的工作将展开。

第二步，市场调查及搜寻。

- ◆ 对每一个猎人任务进行一次全面的新鲜调查（Fresh Search），负责任的猎头不会对现有人才库过于依赖。
- ◆ 确认准备猎人的目标公司，也就是准备从哪些目标公司挖人。

◆ 通过各种社会关系列出候选人名单。一个猎头公司的社会影响力和具体顾问人员的社会关系是非常重要的。

◆ 从猎头公司现有的人才库中搜寻。

第三步，面试、评估和筛选。

◆ 在绝对保密的情况下对候选人进行面试，并对候选人进行评估。

◆ 收集候选人和工作相关的一切数据作为对候选人评估的基础数据。

◆ 向客户推荐符合客户要求的候选人。一般来讲，猎头公司将推荐2~4位候选人给客户。

第四步，交流和协调。

◆ 猎头将在整个面试过程中进行有效的交流和协调，这个过程要优雅并且严密。

◆ 和候选人一起分析所面试的职位，同时和客户一起分析每一位候选人。

第五步，简历调查。

◆ 猎头将对候选人所提供的情况进行调查，以便了解候选人的能力、个性和以前的业绩。

◆ 在客户发出录用意向后，对候选人进行一次全方位的调查。

第六步，聘书的确认和售后服务。

◆ 帮助候选人和客户顺利地签署聘书，管理双方的期望值。

◆ 帮助候选人在上班后顺利地融入新公司，如果候选人在试用期离职则需要帮助客户重新免费搜寻。

基本上，大多数猎头公司都是按照以上几个步骤工作的，区别在于公司的影响力、顾问人员的素质及经验、流程的严密程度和职业道德水平（这点非常重要，如果你雇用的猎头公司有意欺骗，那么后果将非常严重）等细节性因素，这也导致了不同的猎头公司的收费和合同条款有天壤之别。根据收费方式的不同，猎头可以分为无定金寻访（Contingent Search & Selection）和不可逆型预付费搜寻与筛选（Retained Search & Selection）两种。二者之间的区别在于：前者通常不需要预先支付费用，或者预先支付的费用可以支付另外一个项目的费用。理论上，这时的猎头公司对客户也没有过多的承诺，客户录用就收费，没人推荐也没有多大关系。当然，如果猎头顾问因此而抱着无所谓的态度，很可能在谈下一个项目时就会被客户一脚踢开。而后者则不同，这种项目猎头公司通常要分阶段收费：签约时收30%，推荐候选人后再收30%，剩余的在候选人上班后收取。而且，这些收费都是不退还的。客观上讲，这增加了客户的付费风险，但是在这种情况下，猎头顾问的工作必须更加细致，而且必须将搜寻报告和候选人名单（Shortlist）给客户。事实上，我个人不认为哪一种方式更加高端，我认为选择哪种方式应当根据项目的难易程度、客户与猎头公司之间的关系来决定。目前，客户往往倾向于用前者的付费方式来享受后者的服务。

并不是说收费越高的公司服务越好，但是，收费和服务水平肯定是有必然联系的。你很难想象资深顾问会对一些收费低廉的单子产生太多兴趣。一般，中国的猎头公司的最低收费在1.5万~5万元人民币之间。当然，有些高端猎头公司会将最低收费定在3万~5万美元，但这种公司并不多。通常，上海和北京的收费要略高于广州和深圳。我对收费的看法是：如果高于上面提到的收费标准就太贵了，除非你委托的项目非常特殊；而低于这个收费标准也不正常，要么是你的谈判能力非常强（比如你能每年给出超过100个职位），要么就是你雇用了一个不入流的猎头公司，甚至是个挂羊头卖狗肉的假猎头公司。好的顾问人员往往工作量比较饱和，因此大幅度降低收费标准的可能性不大。当然，肯定是只收客户的费用，对候选人分文不收。

猎头，搜寻人才的雇佣兵

我们看一下猎头能干些啥。猎头不是说教的，不是谈概念的，是帮助客户在尽可能短的时间内找到尽可能合适的人才，来满足客户在人力资源上的需求的。成功的猎头可以在合理的预算和可控的时间内帮助客户吸引优秀的人才，规避潜在的风险。说到底，猎头是人才战争的“雇佣兵”，通过接受客户的雇用来进行人才战争。他们为佣金而战斗，是战士，但是他们不仅仅效忠于一个客户，今天的客户可能会成为明天被他们挖墙脚的对象，这是无法避免的，所以他们是雇佣兵。但是，按照合同办事则是一个优秀的猎头公司和猎头顾问所应该具备的起码的品质。如果做不到这一点，他就不是雇佣兵而是流寇了。不管其他人怎么看，我对雇佣兵充满了敬意，他们是职业战士。而我对流寇则充满了蔑视，他们没有理想、规则和信念，甚至没有利用价值。

通过猎头，你可以花10万元的佣金请到一个别人付了500万元学费替你培养的人，给你带来本来要交纳1000万元学费才能获得的经验。

猎头的工作就是帮助你获取你希望捕获的猎物。可能有人会说，我们企业的人事策略是内部培养。对于这一点，其实早有定论，猪很难被培养成猴子，而驴拉车永远不如马。下面，我和各位分享一下我的几个观点。

第一，外部招募在多数情况下是不可替代的。时间对我们任何人乃至任何组织都非常重要，而众所周知，企业内部培养需要大量的时间，“罗马不是一日建成的”，内部培养的代价更加高。更糟糕的是，当企业出现转型或进入新的领域时，整个组织中没有一个明白人的时候，你如何进行内部培训？而且，一个公司的资源毕竟有限，我们就算做不到全球化视野，至少不能只盯着自己认识的那点儿人吧？所以，外部招募，尤其是外部招募高层可以说是企业发展到一定程度的必然选择。

第二，培训绝对不是万能的。我是一个非常注重内部培训的人，我个人的成长得益于我过去服务过的杰出企业对我的培训。老东家对我的培养，让我受益终生，所以我非常重视对下属的培训，对他们的培训占用了我40%以上的时间。但是，培训不是万能的，而且费用非常昂贵。首先，培训的周期比较长，但市场和社会往往不给你那么多时间。今年进入这个行业会获得暴利，明年进入就可能亏损。在这个快速变化的年代，自我造血的速度太慢了。其次，你所培养的人非常容易被别人挖走，说得更直接一点儿，即让

人才从一而终非常困难。虽然优秀的企业可以降低骨干员工的离职率，但是完全杜绝绝对不可能。根据统计，大多数公司每年正常的离职率都达到了15%，企业非常容易为他人做嫁衣。最后，也是最重要的，企业无法完全了解员工的潜质，你会发现很多人被培养两年后就不得不放弃，再有经验的人也难以看清另外一个人几年以后的发展情况。实际上，这就注定了有些人不管你怎么培养也不能适应某些工作。人的天赋相当重要，后天的训练绝对不是万能的。下面我给各位讲一个小故事。

有一个培训专家为了证明自己的培训具有说服力，决定做一件让所有人惊讶的事。经过认真考虑，他决定推出青蛙飞行培训课程。于是，他对一只青蛙说："我们就要出名了，我将教会你如何去飞！"

青蛙说："可是我不会飞呀！我是一只青蛙，不是一只麻雀！"

培训专家说："你可能不清楚我是一个多么有经验的培训导师，我可以将你培养成我所期望的任何样子。态度决定一切，你的这种态度很有问题。我将为你量身定做一个渐进、系统并且有针对性的培训课程。"

于是，青蛙开始受训，它学习了战略制定、时间管理以及高效沟通等课程，但关于飞行方面什么也没有学到。

第一天进行飞行训练，培训专家异常兴奋，青蛙却很害怕。培训专家解释说，他们住的公寓一共有15层，青蛙需要从第一层开始，从窗户向外跳，每天加一层，最终达到15层。在每一次跳完之后，青蛙要总结经验，找出最有效的飞行技术，然后把这些技术运用到下一次的训练中。等到达最高一层的时候，青蛙就学会飞了。

可怜的青蛙请求培训专家考虑一下自己的性命，但是培训专家根本听不进去：“这只青蛙根本就不理解青蛙会飞的意义，它更看不到我的宏图大略。”因此，培训专家毫不犹豫地打开第一层楼的窗户，把青蛙扔了出去。

第二天，在准备进行第二次飞行训练的时候，青蛙再次恳求培训专家不要把自己扔出去。培训专家向青蛙解释，当人们面对一个全新的、创造性的事物时，抵制的情绪会很严重。接下来，只听见“啪”的一声，青蛙又被扔了出去。

第三天，青蛙调整了自己的策略，即拖延。它要求延迟飞行训练，直到有最适合飞行的气候条件出现。但是，培训专家对此早有准备，他拿出一张进度表，用手指着说：“你肯定不想破坏训练的进度，对不对？”

不能说青蛙没有竭尽所能。比如，第五天它给自己的腿加上了副翼，试图变成鸟。第六天，它在自己的脖子上戴了一个红色的斗篷，试图把自己变成“超人”，但这一切都是徒劳的。到了第七天，青蛙只好听天由命，它不再乞求培训专家的仁慈，它只是直勾勾地看着培训专家说：“你知道你在杀害我，对不对？”

培训专家则指出，到目前为止，青蛙的表现完全没有达到自己为其制定的目标。对此，青蛙平静地说道：“闭嘴，开窗。”然后，它瞄着楼下的一块石头跳下去——青蛙摔得像一片叶子一样瘪。飞行计划完全失败了，培训课程也结束了。

第三，外包给第三方是最有效率、最能控制风险的一种做法。很多公司为了外部招募都保持着庞大的人力资源部门，而有些公司为了降低成本则大量使用熟人和本公司员工推荐的人。我认为这两种做法都是错误的。如果你的招聘人员的招聘水平比专业猎头公司的专业水平更高，更能够控制成本，那么你就可以将其变成一个猎头公司了！每个公司都有自己擅长的领域，而对自己不擅长的领域，我建议外包出去。而对那些愿意用内部员工推荐的人的公司，我认为一定要适度。中国是一个非常讲究人情的国家，虽说大家都希望控制内部的帮派，但是谁做到了？依我看99%的中国企业都解决不了这个问题，在中国被这个问题困扰的跨国企业也绝对不在少数。如果是某个副总经理推荐的人选，但是后来证明这个人不能用，谁能炒他？谁敢炒他？而且，内部推荐容易形成小团体，张三是李四推荐来的，他自然对李四充满了认同感，认同不要紧，要紧的是真正遇到公司政策和个人情感相冲突的时候，后者往往会占上风。我再给各位讲一个小故事。我的一个朋友是一个企业的负责人，他是在企业刚刚进入中国市场的时候加入到这家企业的。当时由于费用比较紧张，他严格控制招聘预算，再加上他们的行业相对来说比较窄，所以他大力推广内部推荐。刚开始效果的确不错，花钱不多，效率也还不错。但是，当生意稳定下来以后，坏处逐渐显露了出来：首先，公司内部分成了三派，互相不买账，严重影响了工作效率；其次，公司已经习惯了内部推荐，正常招聘反而变得不可能，人事部门的职员都习惯性地问候选人是谁推荐进来的，没人推荐的候选人很容易受到歧视；再次，公司的工资成本变得居高不下，一个文员的月工资竟达3000元，而且还特别不好用。最后，炒谁都变得很困难。按理说业务人员业绩不行被炒掉是非常正常的，但是在现在的情况下，谁炒一个人都可能被理解成和推荐他的人过不去。所以，这个企业的发展就开始出现问题，我的朋友也非常苦恼，他现在正在非常痛苦地给企业动“手术”。

第四，当组织需要变革的时候，外力是非常重要的。中国有句古话：“他山之石，可以攻玉。”人在一个环境中待久了往往会出现麻木感，我们可以称之为审美疲劳。一个人再难看，你天天看他，也不觉得难看，至

少不会吓着你。但是外人一看，我的妈呀，怎么长成这样！我们每个企业内部都有一些非常可笑的制度和惯例，可我们天天看不觉得怎么样，就算有人提出来，大家也会说，多大点儿事儿啊！但是，一旦新人来看一下就会发现，不得了，马上要改。所以，只有等到睿智的新人进入时才能发现其中的不妥。这样，矛盾产生了，问题暴露了，企业也就前进了。商鞅变法，秦国富强，但商鞅并不是秦人。企业要变革，外力相当重要，你可以请顾问公司，也可以招聘新人。总之，你需要加入新鲜的血液。我与各位分享一个案例。我们曾经帮助一个民营制造企业寻找一个制造总监，当我们的候选人到职以后，这个企业和这个候选人都非常不适应。这个企业的老板感觉我们请来的人怎么这么多事，这也看不惯那也看不惯。同样，这个候选人刚开始感觉简直像掉进了火坑，居然还有这么落后的制度和管理。当时我们给双方的建议是都忍耐一下，忍耐了两个月的结果是每个月的成本节约了上百万元，质量水平上了几个台阶。不夸张地说，这个企业的管理水平进步了10年！如果没有新人加入，这个企业肯定还在原来的轨道上慢慢走呢。

对于猎头的价格是否高昂这个问题，仁者见仁，智者见智。我认为要看企业的家底，如果一个企业在生存线上挣扎，的确不应该请什么猎头公司，因为企业根本没有这个预算啊。但是，对于比较成熟和预算比较充裕的企业来说，拿出利润的一部分放在招聘方面是完全可以承受的。在商业上，其实贵不贵是没有意义的，值不值才是我们应该考虑的关键问题。如果投入100万元回报是200万元，那就是好买卖，这种钱不怕花，而且要多花。相反，如果我们花了1元钱买了一根牙签，单价的确不高，做这个买卖的人却是个败家子。虽然在猎头方面适当地花费一些钱可能增加招聘费用，但是将大幅度降低其他诸如培训费用、差旅费用等相关支出，最重要的是提高商业效率，从而换取最宝贵的财富——时间。

我曾经问一位大哥做什么利润最大。这位大哥的回答是收购，但必须是精明的收购。他认为收购可以迅速进入一个新的行业，并且获得需要的资源。我觉得他的话非常有道理，将意思延伸一下，收购应该也包括对人的“收购”，而如果我们相信人是最重要的资源，为什么不赶紧去参与对人的“收购”呢？

幸福可否早到30年

由于工作的关系，我看到过很多成功者。由于我这个人比较讲“义气”，也结交过很多落难者。我认为，虽说不以成败论英雄，但毕竟没人

想失败，大家都希望早日成功。我看过一些教人成功的书，基本上有两个方向：一种是胡扯。例如，书中的大量内容告诉我们要进取但也要谨慎。这种话听起来有道理，但实际上对工作没有任何指导意义。还有一种就是诈骗。这种书纯粹是诈骗读者的金钱，例如告诉读者要努力、奋斗，这些话从小学起我们就不断地学习，还需要他来告诉吗？当然，我不否认，除了这些粗糙的书以外，也有不少书写得非常不错。但是，我想更多的人需要的是一种快餐式的指导，这可能更具有实际意义。

很多人都有这样一个误解，即成功者需要非常聪明，非常勤奋；成功的老板像神一样，而成功的企业都有非常牛的管理模式。我要说的是，有些大老板，例如王石，天天都在爬山，依旧把企业经营得非常好，所以成功貌似不需要多么勤奋。有些企业，例如汇源、娃哈哈，它们和别家相比没有太新的模式，就是卖点儿饮料，但它们的营业额数字庞大并高速增长，所以模式貌似也不是太重要。虽然，很多因素都和成功有一定的关系，但是并不决定成功。我个人认为，企业要成功，抓住几个要点就够了。

第一，资源，最好是垄断性资源。中石油的利润怎么这么高？中国移动的日子为什么这么好过？我相信再傻的人也知道其中的原因。可能我们没有这么好的机会，但是，我们只要有一点点局部的垄断和独有的资源就够了。例如，让企业成为一个小的细分市场的老大。

第二，善于创造性模仿。说实在话，独立创新太困难，创新在最开始的时候都要经历模仿阶段，客户不介意这个玩意儿是从哪里来的，介意的是使用体验。抄袭一个，你就是山寨；抄袭几个，你就是创新；抄袭多个，你就是乔布斯。对于这点，不要不好意思，要面对现实。我们曾经帮助一个企业找研发总监，我将他们的要求总结为两条：能带来现成的东西；不要有法律风险。对方听了，顿时眼含热泪，对我说："老王，你说到我们心坎儿里了，事不宜迟，就这么办吧。"

第三，善于弥补自己的缺陷。领导人不可能是全能的，关键是要学会弥补缺陷。有些老板中午12点才起床，但是只要每天上午都有人替他做好监督工作，这个缺点又有什么关系？有些老板反应慢，但这个世界上有大量反应快的"穷人"，大多数人的时间成本没有老板那么高，雇用几个不就结了？总之，领导只要不包打天下，办法就总比问题多。实际上，很多人没有注意到，乔布斯本人并不会写代码，没有学过专业的市场营销，而且在库克加盟前，苹果虽然很炫，但是不怎么赚钱。银子不足直接影响了乔布斯的创造力，可以说库克的加盟是苹果发展道路上的一个转折点，乔布斯善于用他人来弥补自己的缺陷，才成就了自己的传奇和苹果的辉煌。

第四，舍得在关键的地方花钱。很多老板对底层很慷慨，对中层反而

很抠门儿；对一些无关紧要的供应商很慷慨，对一些关键的供应商则太小气。如果你能花费2500元请文员，为什么要花费3000元？但如果一个高管在其他地方可以拿100万元年薪，他为什么接受80万元年薪？同样，供应商也没有必要一视同仁，根据市场和谈判力来决定你出的价格。请猎头公司的话，基本上是你出什么价钱就有什么素质的顾问为你服务。好的顾问能启发你，差的顾问不帮倒忙就不错了。

第五，敢于坚持。成功的老板都比较执着，不过度学习。天天“闹革命”和革新的公司很多都不幸夭折了。我个人的观点是：沿着错误的方向再走两步也许就会成功，顺着正确的方向少迈半步就可能是死亡。长期在一个行业中，再蠢的人也有明白事理的一天。即使一个方法再愚蠢，只要你用顺手了也会威力无比。王永庆做塑胶，别人一看亏损就怕了，他反而扩大生产，结果成了塑胶大王，给其他人做了榜样。很多时候，错误地再前进一步也许就能成功。

说句直白的话，以上几条几乎都和人有关，所以，不管你是企业领袖还是职业经理人，一定不要“武大郎开店”，不要总是抱怨无人可用，花费必要的预算和时间放在招聘真的牛人上，你会发现幸福真的可以早到30年。

这人不是猎头顾问

要用猎头，我们必须清楚什么样的人才能够担当猎头顾问，什么样的猎头顾问是合格的，对猎头从业者和使用猎头的公司来说这是不得不考虑的问题。企业也需要了解，给我服务的人是猎头顾问吗？别是个山寨的。猎头顾问还真不是什么人都能做好的，武大郎就算再努力估计想进NBA也费劲。可能每个和猎头打交道的人都能感觉到，找到一个真正好的猎头顾问还真不容易。

有句话可能比较刻薄，但我还是要说，中国至少有60%的猎头顾问是非常差的，差到没资格做猎头顾问。可能给你打电话的那人自称是猎头顾问，但实际上他还真干不了这活儿。从某种程度上来讲这是行业的悲哀。我现在最头痛的是难找到足够多、足够好的猎头顾问，我们自己培养猎头顾问的速度始终不能满足行业的增长需求。社会的浮躁和职业道德的缺失导致很多猎头顾问不是去解决客户的问题，而是成了客户问题的制造者。

猎头顾问的职责是什么呢？什么样的人适合做猎头顾问呢？我认为这

是首先要搞清楚的问题。我将我们公司对猎头顾问和顾问助理的岗位职责规定与各位分享一下，鉴于事关商业秘密，我删除了一些敏感内容，没有罗列过多的岗位职责内容。

猎头顾问助理（Researcher）

直接上司：高级顾问及以上

岗位职责：

- 根据顾问的要求系统地搜寻目标候选人，并参与对候选人的面试和评估；
- 安排面试并协助顾问进行面试准备；
- 准备候选人报告；
- 协助顾问进行客户沟通；
- 整理文件、录入资料，并向顾问提供办公室行政支持。

任职资格：

- 大学学历，重点本科优先；
- 以结果为导向，具备团队精神，认同科特杰的价值观；
- 具有良好的中文和英语阅读、书写能力；
- 具有可以培养的沟通、分析、说服和判断能力，以及持续的工作热情。

猎头顾问（Consultant）

直接上司：一线经理

岗位职责：

- 进行有效的客户交流，理解、总结并升华客户的招聘需求，向客户提供可选择的解决方案；
- 独立搜寻目标候选人，指导顾问助理确定搜寻方向，并对候选人进行面试和评估；
- 保证客户对我方所提供的服务具有最大的满意度；
- 帮助候选人进行面试准备，并安排重要的面试；
- 协助上级进行市场分析和客户开发，并进行部分独立的市场开发；
- 确保资料正确并有效录入及整理；
- 负责收费在4万~15万元的项目，完成规定的季度目标。

任职资格：

- 大学学历，重点本科优先；
- 4年以上的工作经验或者18个月以上的猎头行业经验；
- 以结果为导向，具备团队精神，认同并推广科特杰的价值观；
- 具有良好的中文和英语阅读、书写能力；
- 具有良好的沟通、分析、说服和判断能力，良好的领导及管理能力，以及持续的工作热情。

目前，行业内很多所谓的顾问，无论水平还是见识，都和顾问助理差不多，甚至还不如一个合格的顾问助理。顾问人员的水平集中体现在沟通、分析、说服和判断能力上。但是，很多顾问对客户的需求都是一知半解。在这种情况下，如何提供解决方案？客户希望通过顾问人员的中立性意见降低系统风险，但是，如果顾问人员自己对这个问题都含糊不清，他如何给予积极的中立性意见？有些顾问没有企业界的工作经验，又没有接受过系统性培训，在这种情况下去做诊断（Consulting），客户究竟是上帝还是小白鼠？我说这些话可能会得罪某些同行，但是不说的确有违良心。

好了，让我们看一下什么样的人适合做猎头顾问吧。

第一，想赢。猎头顾问的任务就是帮助客户在人才战争中赢得胜利，所以猎头顾问必须要有赢的冲动和渴望，必须不断地想各种办法，排除各种困难。愿意将客户的事情当作自己的事情，只有客户赢了，猎头才能跟着赢。要具备一定的使命感，而不仅仅是应付公事。猎头顾问要不断地问自己，还有没有更合适的候选人，还有没有更好的方案。

第二，心理素质好。这是一个需要承受高压力的行业，很多时候对人的心理是一个考验。你和10个候选人联系，能选出一个合适的就不错了。候选人在最后一刻放弃入职机会的情况比比皆是。这些对心理素质的要求很高，否则很难帮客户赢。心理素质差的顾问没有做到帮客户赢、帮候选人赢，自己却先搞成了心理残疾。当一些令人沮丧的事情发生的时候，没有人能够泰然自若，但有些人可以继续努力工作，努力寻找解决方案，并依然对工作充满热情；而有些人则神情沮丧，于是更多的不顺就接踵而至。

第三，学习和理解能力。猎头顾问的学习能力差可不得了，知识面太窄的话，根本无法和客户、候选人沟通。如果理解能力有问题，那么顾问怎么知道客户想要什么呢？又如何判断一个候选人是否合适呢？

第四，良好的沟通、分析、说服和判断能力。这是技术门槛。如果你不愿意沟通，不能对案子进行理性分析，不能进行有效和准确的判断，基本上你对客户的价值是零。顾问就是做诊断，这两个意思在英文中实际上是一个词。候选人和客户都希望得到顾问人员的高附加值的建议。

第五，洞察候选人隐性特质的能力。看得到的容易评估，看不到的则困难很多。你问一个人，你是笨蛋吗？我相信没人回答“是”，但是这个世界上的笨蛋有很多，甚至很多笨蛋都混到了高位。能否准确地发现一个

候选人的隐性特质，决定了你是否能够成为一个伟大的猎头顾问。什么是显性特质？譬如学历、专业、工作经历等有据可查的东西。而“冰山”下则是更重要的东西——人才的隐性特质，譬如决心、勇气与魄力等性格特质。判断一个人适合做什么，能否做得好，其隐性特质才是更关键的评判因素。这方面的判断90%要靠猎头顾问的经验和天赋。

实际上，能做到上面几条的基本上就是一个不错的猎头顾问了。一些知识层面的东西是比较容易学习和培训的，而一些特质方面的东西则难以培养。如果猎头顾问不具备以上条件，或者做起来很辛苦，那么在这个行业的发展可能就会受到限制了。

第二章

别哭，这就是真相

人之初，性本私

我们时常可以听到各种“大师”告诉我们一些高深的道理，大师为了能吸引眼球总要给出一些与众不同的结论。拿人性来说，有的大师认为人性本善，有的大师认为人性本恶，两种观点截然相反，让人越听越糊涂。

实际上，这是一个常识性的问题。美国心理学家马斯洛在1943年出版的《人类激励理论》一书中首次提出“需求层次理论”，他认为人是有欲望的动物，为满足某种特定的需求便产生了特定的动机。需求层次理论把人类多种多样的需求归纳为5类需求，并按其重要性从低级生理性需求到高级心理性需求排列成5个层次，即生理上、安全上、感情上、尊重和自我实现上。实际上，你可以发现这5个层次都围绕着一个字，就是“私”。人类的本能决定了人最先关心的是自己，然后是子女及其他家人，最后才是组织和社会。所以，我们可以负责任地说：人之初，性本私。人生三不斗：不与君子斗名，不与小人斗利，不与天地斗巧。可以看出人终究摆脱不了“名利”二字啊。

大家还记得吃大锅饭的年代吧。我算是赶上了个尾巴，我记得在我小时候有猪头肉吃是一件非常幸福的事情。为什么？是当时中国人民不想努力，不想过好日子吗？不是，那时候吃大锅饭啊，干与不干都一样，所以大家都想尽可能少干点儿，能不穷吗？

企业只依靠员工的无私奉献和不计报酬地干活，不符合实际。但是，企业可以利用人希望被尊重和自我实现的需求来让他努力工作，而不过度计较短时间内的蝇头小利。

谈到戚继光，大家都知道他是抗倭英雄。但是，他为什么是英雄，为什么总打胜仗？原因是他理解了“性本私”这个要点。当时，明朝官兵的薪资很低，兵部尚书也就几百两银子的俸禄，当兵的能拿多少？而且抚恤制度也非常糟糕，官府发点儿抚恤银子也不知道能不能到士兵家属的口袋里。所以，问题就出来了，大家打仗主要是应付公事，关键是别让自己受伤。能不打就不打，能跑就跑，谈民族大义似乎用途不大。再看倭寇，他们是专业的亡命之徒，靠抢劫为生。几十人组成的倭寇小部队就敢在中华大地上横行，结果是倭寇越打越多，官兵越打越弱。如果再不制止，大明江山危在旦夕。老戚抗倭其实也没用太多招数，只是所用招数都围绕“性本私”这个基本定律。让我们一起分享一下：

1. 发奖赏，而且是团队奖。每杀一个倭寇就有银子拿，由战斗小组来分，每一小队杀死一个倭寇，赏银30两，杀死10个300两，杀死100个3000两。戚家军每一小队有12个人，钱也由这12个人来分，岗位不同，分得的奖金也不同。于是，士兵们都愿意从事危险岗位和领导岗位。而且大家的底薪不高，都指望这些奖金过点儿好日子，因而盼星星，盼月亮，盼着倭寇赶紧来，来了就杀掉换奖赏，那可是30两啊！过去官兵盼着倭寇别来，现在盼着倭寇早点儿来。

2. 给外快。戚继光规定，缴获了战利品不用上缴国库，全部分掉。这是一个非常有争议的做法，但的确管用。越是罪恶滔天的倭寇抢到的财物越多，官兵杀死他们得到的奖赏也越多，所以士兵们都迫不及待地去打“大”倭寇。可以说，老百姓是草，倭寇是羊，而戚家军就是狼，专门吃羊。

3. 讲究战术分工。鸳鸯阵杀倭寇纯属流水线操作，每个人只要折腾好自己的那一块儿就好了。这让我想起了大雁的飞行，大雁的“V”字形飞行的效率要比单独飞行高出12%。这个鸳鸯阵高出的效率可真不是一点儿半点儿，总之倭寇伤亡的数量是戚家军的10倍。

4. 选对人，然后抓紧训练。戚家军将义乌的矿工作为主要兵员，他

们平时就爱搞点儿械斗，心理素质和身体素质都比较过硬，加上打倭寇比挖矿赚钱，报名热情十分之高。而戚家军的战术水平也相当出色，大量地使用火器，并默契地配合。反观倭寇，他们单人作战能力不错，但打劫的土匪能有什么组织，基本上各自为战，这样就成了十几个打一个。所以往往倭寇还没搞清楚情况时就被杀掉了，脑袋被换了30两白银。需要说明的是，戚继光很少给士兵讲“还我河山”“共赴国难”“保家卫国”这种大道理，他只告诉士兵，如果不努力训练，到时候倭寇就要杀你，你不但没了银子而且还会丢了性命。这个做法和曾国藩练湘军如出一辙！

折腾了几年，倭寇就从比蝗虫还多变成了比熊猫还少，倭患自然也就无从谈起了。所以说，一个政策的变通就可以导致格局的变化。我们不能说戚家军灭倭全靠一两个政策，但是，这种对人性为私的理解确实起到了决定作用，让大明朝的利益和士兵的利益趋同了。

我们可以通过人们希望被尊重和自我价值实现的需求让人变得高尚一些，但是，这改变不了“性本私”的本质。所以，就让我们把这个看作用人的第一定律吧！

非我能用之才非才

非我能用之才非才，这话实在是太功利，但的确是事实。三国时代曹操爱才，但也因爱才给自己带来不少麻烦。关羽过五关斩六将，曹操居然因为关羽是人才就这么放过了他。赵云七进七出长坂坡，杀了不少人，居然也因为曹操爱才让他走了。此二人是刘备的左膀右臂，一生都在威胁着曹操的势力。曹操没有认识到，才不能为我所用，即不为才。

我们很多企业在用人的时候往往注重人的能力，而忽略了与企业的匹配度。很多领导求贤若渴，很喜欢用所谓的高潜力人才，实际上潜力没有意义，有意义的是是否具备企业所需要的能力。干任何事情都需要个时间限制，总不能怀胎100个月吧!

现在来看一个非常有争议的名将——白起。此人杀人无数，最著名的一次是坑杀四十万赵国降卒。白起是一个疯子吗？我觉得应该不是，谁见过疯子百战百胜？他的逻辑其实很简单，这支部队不能转化成秦军，放他

们回去，这一仗等于白打，所以就埋了吧。我无意为白起进行辩护，但他的逻辑是对的，没有这些残忍的行为，秦国永远灭不了六国。

让我们看一下哪几种人才是我们用不了的：

1. **知识结构和要求不符。**例如有人能说一口流利的英语，非常优雅，但无法和农民打交道，可是你的客户就是一些有乡村气息的人。你能改变你的客户结构吗？如果不行，那你就别用这种人才了。谈一个近代史上的悲剧人物丁汝昌，此人在镇压太平军方面能力出众，凭自己的努力一步步升到了提督，没能力是不可能的。但是，他的知识结构只是带领马队打一些陆战。令人匪夷所思的是，李鸿章居然将亚洲第一大舰队交给了他。结果呢？黄海海战，日军一舰未失，北洋舰队重创五舰。威海卫一役，北洋水师全军覆没。从此，日本欺负了我们50年！大家动辄将此归咎为清朝腐朽，但是同是清朝官员，冯子材、刘铭传打败了欧洲强国法国，保住了台湾；左宗棠平了有俄国人支持的叛乱，收复了新疆；而丁汝昌却败给了日本，为什么？因为他根本不懂海战，他的辉煌根本不在海上，让他来指挥海战就是悲剧的开始。

2. **心态不对或者说价值观不同。**我认识一个经理人，他的老板对他很器重，但他对他的老板很鄙视。当然他不会表露出来，但他内心里觉得他老板的生意太小，也就几个亿的营业额，他过去工作过的公司都是生意额几十个亿的大公司。在这种情况下他的工作表现好不了，而他的老板，不可能对手下的鄙视毫无察觉，可能是爱才心切吧，所以没有放在心上。实际上，这个人的心态都这样了，有什么好留的？唐僧去西天取经，他的团队成员虽然什么人都有，但是他们有一点是一致的，就是目标都是去西天。抛开这一点，即使这个人有再强的能力也不能用。

3. 心术不正。有些人确实有本事，但道德真的太差。明朝奸相严嵩，看一下此人的履历，那叫一个牛：18岁中乡试，25岁中进士，写的一手好字，诗文也颇佳。他少年时地方官出一联："关山千里，乡心一夜，雨丝丝。"他随口应对："帝阙九重，圣寿万年，天荡荡。"文才、气势和马屁都在其中，真是无可挑剔。然而，此人心术不正，弄权敛财。查抄严嵩家时，一共查出3万多两黄金，200多万两白银。他的结党营私导致大明无比黑暗。《明史》称严嵩"无他才略，惟一意媚上，窃权罔利"。这种人才你说能用吗？

4. 养不起的人才。有什么资源干什么事，有什么枪打什么仗。有些人用惯了大炮，但你没有大炮，就别死乞白赖地缠着人家不放。有些人拿惯了高薪，吃的是顶级牛排，但你现在在长征的路上，连米都吃不上，你让别人加入，人家真没有兴趣，那就不要过度纠缠了。大炮会有的，牛肉

也会有的，所以等有的时候再说吧！共产党成立初期，共产国际从德国派来了李德，人家可真是打过大仗的，曾参加过第一次世界大战。大家说，这种经验咱们红军中谁有啊？李德对小打小闹也看不上，教大家如何打阵地战。但问题是这种仗中国红军打得起吗？别说炮弹，红军连大刀都不富余，很多新兵只能发用竹子做的梭镖。所以，这种人才最好别要。

天才永远稀缺

我非常赞同彼得·德鲁克的观点：组织的目的是使平凡的人做出不平凡的事。组织不能依赖于天才，因为天才稀少如凤毛麟角。考察一个组织是否优秀，要看其能否使平常人取得更好的绩效，能否使其成员的长处都发挥出来，并利用每个人的长处帮助其他人取得绩效。组织的任务还在于使其成员的缺点相抵消。

大师就是大师，这话非常简单易懂而且精辟。如果我说自己和大师不谋而合似乎是有意抬高自己，但我的确非常赞同大师的观点，我愿意为这个观点进行一次中国式的阐述。

有些人读了德鲁克的这段话后认为这是在否认天才的作用，我认为他们走入了一个误区，德鲁克是在告诫大家不要奢望找到太多的天才。天才永远是极度稀缺的，大家渴望成为英雄的主要原因是英雄在现实社会中实在是太少了。如果南宋有20个岳飞，我想赵构就是脑子进水也不愿意对金称臣，但问题是没有那么多。如果大明多几个袁崇焕，似乎死掉一个也无所谓，但问题也是没有那么多。世界上只有一个乔布斯，因此也就只有一个“苹果”。天才在组织内的意义是1，有了这个1后面的0才有意义。组织要让平凡的人做出不平凡的事，必须有一个条件，就是组织内必须要有天才存在，否则这些平凡的人将只能做平庸的事情。但是，一个组织不能过分依赖天才，因为天才永远稀缺，不可能找到大量天才，何况天才的选择实在太多。巴菲特曾经说过：“比尔·盖茨就是做汉堡也可以成为全球第一。”

所以，成功的组织往往是让聪明的人带着有潜力的人和平凡的人干活，通过聪明人设计的系统让平凡的人也能发挥能力，把有潜力的人逐步变成栋梁。在电视剧《亮剑》中，李云龙到哪个部队，哪个部队很快就可以成为王牌军，而李云龙又可以带出一群“小李云龙”。所以，一定要给李云龙这种人适当的空间，注意保护这种人才。毕竟，千军易得，一将难求啊!

我们公司服务过一个客户，这个客户的主管人力资源的女士景观恬架子非常大，说话非常刻薄。他们公司需要找一个副总裁，景观恬作为人力资源部的负责人负责首轮面试。她始终以一副居高临下的姿态对待我们推荐过去的人。有两个我们推荐的人都非常不错，能力出众，但是她的态度让对方非常反感。景观恬问候选人："你的薪金有这么高？"话语中透着不相信。更有趣的是，我们的同事提出客户可否到机场接一下候选人，景观恬却阴阳怪气地说："我们都给他们负担机票了，做人不要太不知足！"结果可想而知，这个项目一拖就是一年，负责这个项目的同事也都疲沓了。有一天我接到客户老板牟英才的电话，询问我是否可以见个面，我当即表示没有问题。一见面我就发现牟英才非常焦虑，他开门见山地问我为什么招聘速度这么慢。我不好明说，就说："如果仅仅是我们的速度慢，那应该是我们的问题，但我猜想贵公司肯定不止与我们一家招聘公司合作。如果大家的速度都慢，那么贵公司需要检讨一下了。"牟英才说："肯定是都慢。我觉得你们公司应该不错，我的很多朋友对你们公司的评价很高，我想请教一下慢的原因。"我说："我觉得贵公司没有分清稀缺人才和普通员工之间的区别。对于我们给贵公司推荐的副总裁人选，贵公司的面试流程和普通员工差不多，要填表，要到你们厂区面试，而且还被怀疑过去的薪资。对方感受不到一点儿被尊重的感觉，您说，谁肯加入？"牟英才非常吃惊，说："怎么会这样？我告诉他们如果接待用车有问题可以用我的奔驰来接送。"我说：“别说您的奔驰，连吉利都没用过，上次来的刘先生从机场到这里花费了4个小时的时间。”牟英才说：“我记得刘先生，我觉得他没什么求职动机，和他谈了半个小时，没什么感觉。”我说：“牟总，如果一个人早晨5点半起床，坐早晨8点钟的飞机，11点钟下飞机，花了4个小时的时间到贵公司，中间连早饭都没有吃，然后被人要求填写了半个小时的表格，再被人审问式面试1个小时，再傻等半个小时，下午5点钟和您见面，然后还要考虑赶晚上9点的飞机。设身处地想一下，谁还会有心情？”牟英才非常吃惊，说：“我都不知道是这样的，我说对方为什么心不在焉呢。”我说：“牟总，你们要进入的新产业所需要的资深人士本来市场上就不多，对刘先生来说他目前的工作很好，根本不需要求你们，你们的这种做法他有兴趣才怪呢。你们既嫌对方要求的薪资高，又不提供接送车辆，本身你们这个地方就不好找，而且这种当天往返的行程又让人疲惫不堪。”我突然停住了，我发现牟英才的脸色非常难看，他忽然将杯子摔在地上，发出了一声闷响，没有碎。我当时只有一个感觉，地毯真厚。

过了几秒钟，牟英才的脸色恢复正常，他笑着对我说：“不好意思，王兄，有点儿激动，您不说我还在纳闷呢。这件事情我们处理得有问题，我看这么办，我们近期正好有个新的生产基地缺人，小景就不要再负责人力资源了，我让她去给一些新项目帮忙，你们也不要再和她联系了。刚才说的刘先生，首先我要给人家道个歉，如果他对我们这座小庙还有点儿兴趣，或者觉得我这个人还值得交往，我想安排一下再见个面，这次他不要动，我去见他。至于薪资嘛，我认为他目前的待遇偏低，我们可以给超过一倍的薪水。小景认为他的薪资高不代表我们公司的意见，纯粹是她个人瞎理解。你们要告诉刘先生，小景已经被调离岗位了。当然，如果刘先生没有兴趣加入，可能要麻烦王兄另外安排手下继续找一下其他人。”我当即表示没有问题。牟英才这个人的确不简单，几句话就将方方面面都照顾到了，难怪他白手起家可以把公司做这么大。后来，刘先生顺利加入，两年后他主导的项目赢利已经超过了公司其他业务的总和。大家可能也很关心景观恬的结局，她应该是在半年后就辞职离开了，其他的我们也不清楚了。

天才永远是稀缺的，因此你不能完全用对待普通人的方式对待他，要给他更多的尊重、更大的空间。永远不要否认天才和普通人之间的区别，你可以大量招聘普通人，有充足的选择余地，但是，越是重要的位置你可以选择的余地越小，而天才和企业的议价能力越强。所以，在系统设计上，务必不要让太多岗位只有天才才能胜任。但是，我们必须要理解，很多岗位非天才不可。就我刚才提到的案例，刘先生去之前，他们的产品根本拿不出手，但刘先生去之后，6个月内他们就做出了业内最好的产品。有了天才，建立了系统，剩下的就是平凡的人可以做出相对不平凡的事情了。

合理是相对的，制度则是必需的

有人的地方就有江湖，有组织的地方就有制度。制度可以不健全，可以不合理，但必须要有，必须要执行，否则组织将不会成功。

曹操率领一千人马行军。当时正值麦熟之季，他对地方上的百姓说："我奉天子明诏，出兵讨逆，为民除害。方今麦熟之时，不得已而起兵，大小将校，凡过麦田，只要有践踏者，一概脑袋搬家。我们是大家的部队，请大家相信我们。"百姓们知道了，都十分高兴。官军经过麦田都下马以手扶麦，生怕践踏了麦子。曹操乘马正行，欣赏祖国大好河山，忽然田中一只斑鸠飞了出来。曹操的马一惊窜入麦田中，踏坏了一大块麦田。曹操立刻找来了行军主簿，讨论自己的践麦之罪。主簿赶忙说："您是领导，领导怎能议罪？"曹操马上批评他说："我自己定的制度，我自己不遵守，如何给大家做表率？这样吧，我自己将自己的脑袋割下来。"说完，他就准备行动，大家急忙阻拦。一个叫郭嘉的说："《春秋》上谈到过，刑罚不能加在领袖身上啊。曹丞相，您带领我们

前进，您牺牲了，大家怎么办？所以您看在《春秋》的面子上，看在大家的前途上，不能牺牲。”曹操沉思了很久，说：“既然《春秋》上有这个规定，我们也不能不听啊，大家也的确离不开我，我就暂时不死了。”说完，他用剑割了些头发，扔在地上说：“只能先用这头发顶一下了。”然后曹操安排手下对自己进行通报批评：丞相踩了麦子，本当砍了脑袋，考虑到事业的重要和过去的规定，先割点儿头发代替。士兵们看了这个通报批评，心想军队对自己的需要没这么大，况且《春秋》上也没有说不能割自己的脑袋，如果自己触犯了纪律，脑袋搬家就是肯定的了，因此大家都自觉地遵守纪律。

这就是中国有名的割发代首的故事。曹操能够三分天下，和他的令行禁止是完全分不开的。有人讲，曹操这厮是一个乱世奸雄。好，我们再看一个大英雄的管理制度。戚继光是抗倭名将，他给杀敌的士兵发放奖赏，可提到戚大将军的军纪，真是让人有些毛骨悚然。我和各位分享一下，需要说的是，我所陈述的皆非野史。

平时如果犯点儿小错，就有二十到一百“竹笋炒肉”。不准唱除了“寓教于乐”的条令歌、战歌之外的任何靡靡之音。除了练拳和团体操之外没有娱乐，不准煽动乡愁！一旦战时，则是处处有死刑，基本不给批评教育的机会。怯懦者杀！用鸟铳不符合规定的杀！看到不合规定的行为而居然没有告发的要杀！如果鸟铳手或队长阵亡，负责保护鸟铳手和队长的士兵一律要杀！若杀平民冒功、奸淫妇女的，一律也要杀！还有若干杀实在写不下去了。除此之外，部队中等级森严，平时士兵向军官报告、听令，一律下跪；下官对上官报告、听令，也必须下跪。士兵告军官，除克扣军饷、军粮外，不管有理无理，先赏你二十杀威棍。军官的压力也不小啊，不仅下属犯罪常有连坐，而且平时考核不合格都要挨一顿棍棒。很多人觉得这日子太难熬了，俺不干了。好说，戚继光特别规定，兵员入伍必须登记住址，并且具保。你跑了不仅害了自己，而且害了为你作保的人。

这些制度很合理吗？肯定有很多不合理之处。凭什么我用错了一次枪就要掉脑袋？凭啥俺就不能唱一下时下流行的小调？但这个制度有效吗？肯定有效。否则，为什么戚继光抗倭那么成功？

管理者往往在制度是否合理上花费太多时间，而忽略了一个本质性的问题，即制度是为了出业绩。当代的管理者容易犯的另外一个错误则是往往重视说服，却忽略了实质性的惩罚。总是谈心不行啊！如果戚家军没有那么多“杀杀杀”，怕是被剿灭的不是倭寇而是他们了。成功的组织往往是制度比较规范而且执行比较到位，甚至比较严苛的公司，无论赏还是罚都明确到位。成功的企业实行的一些严苛的制度，例如通用电

气的末位淘汰，那可真不是闹着玩的。

结果是检验人才的唯一标准

我们可以说出一万种人才可能具备的特征，但是所有的人才都必须具备一个特征，就是能够出活。人才必须能完成常人所不能完成的事情，才能最终证明一个人是否是人才。所以相马只是完成50%的工作，剩下的50%是赛马。

我们身边有无数夸夸其谈之徒，而且很多人都是浪得虚名。我认识一位知名的职业经理人，他给人一种无懈可击的感觉，学历背景好得不得了。可是，他在最近15年几乎干砸了他从事的所有工作，但是他总能在另外一个公司找到一个高管的位置，拿到非常夸张的薪资。我有时候在想：推荐他的猎头公司我可以理解，因为要赚钱嘛！但那些拍板聘请他的人做这么重大的决定时难道不经过慎重考虑吗？你要请的不是一个“绣花枕头”，而是一个可以给你解决问题的人，一个真正的人才！

人的内心世界非常复杂，如果他会掩饰的话，我们无法确认他是否有童年的阴影，我们也无法了解他的真实意图。所以自古以来，大伪似真，大奸似忠。越是无耻的人越宣扬自己高尚，越是懒惰的人越假装自己鞠躬尽瘁。很多事情我们真的无法判断，或者说判断的成本太高。我们唯一可以做出客观判断的就是结果，我们只能以胜负论英雄，以成败论英雄，以结果论英雄。如何控制用人风险，我认为最好的方式就是实验。你能管理好5个人，那么就让你管理10个人；你能管理10个人，就让你管理20个人。以此类推下去，风险永远是可控的。当企业用“空降兵”的时候一定要查一下他过去的业绩情况，如果这是一位常败将军，我觉得别指望他可以翻身。

一天晚上，我接到一个客户刘备的电话，他实际上就是把我当朋友对我发泄一下而已。他们刚刚请了一个经理，此人在面试的时候的表现得非常好，逻辑非常清晰而且胸怀非常坦荡，给人一种相见恨晚的感觉，他们立刻给此人发了聘书。但是，此人上班以后的表现令人匪夷所思，工作几乎没有按时完成过，平均每个星期和同事发生一次矛盾。实际上，听到这里我就有了答案，但是我还是说：“你先将他的简历发给我，我看完后给你电话。”不到10分钟，我就收到了刘备的秘书发来的邮件。从格式上我看得出，这是一份经过我们的同行精心包装过的简历。我能看得出此人的经历很有问题，我给刘备打了电话，说：“刘

总，此人的简历非常有问题，他最近4年没有晋升，但是跳了4次槽。没有晋升却换了工作，这说明他肯定都是待不下去离开的，甚至可能是被解聘了。而且如果他声称换了4份工作，这表明至少换了4份，有可能是5份甚至是6份。我相信，肯定有一些工作时间太短，他自己都不好意思写进去了。从结果上看，此人的经历非常失败，可以基本断定是个废品，他肯定有些致命缺陷。”刘备有些郁闷，说：“此人面试时的表现真的不错，而且要价也不高啊。”我说：“这是最大的问题，他可能是一个称职的演员，甚至是一个不错的知识分子，但肯定不是一个称职的经理。但是，您不需要弄清楚他为什么会判若两人，只需要抓紧时间在试用期内终止合同。”

最后的结果没有什么悬念，终止合同。但此人大闹一场，他对和他谈话的副总说资本家没有一个好东西，他已经被无良资本家炒了4次了！不过自己没那么容易走。他在上班的第一天就看出了企业不规范的地方，他知道肯定有被炒的一天，可惜证据还没有收集完毕，公司如果不给他补偿金，他就弄个鱼死网破！副总听了这位仁兄的话吓出了一身冷汗，此人简直就是一颗定时炸弹，幸亏发现得早，否则企业早晚会被他折腾得脱层皮。

我相信人的本性是很难改变的，你很难想象一个人可以有180度的转变，不管他自己有多大的决心。下面，和大家分享一个小故事。

有一个地方住着一只蝎子和一只青蛙。蝎子想过池塘，但它不会游泳。于是，它爬到青蛙面前央求道："青蛙兄弟，你能驮着我过池塘吗？""我当然能。"青蛙回答，"但在目前这种情况下，我必须拒绝，因为你可能会在我游泳时蜇我，我见过你蜇我的哥们儿。""可我为什么要这样做呢？"蝎子反问，"过去纯粹是为了谋生，它们欺负我，我不得不反抗，现在蜇你对我毫无益处，因为你死了我就会沉没。这样吧，我不但不蜇你，还愿意付你两元钱。"青蛙虽然知道蝎子是多么狠毒，但是觉得它说得有道理，而且两元钱可以干很多事情，比如买一串冰糖葫芦。青蛙想，也许蝎子这一次会收起毒刺，于是就同意了。蝎子爬到青蛙的背上，它们俩开始横渡池塘。就在它们游到池塘中央时，蝎子突然弯起尾巴蜇了青蛙一下。伤势严重的青蛙大喊道："你为什么要蜇我呢？蜇我对你毫无益处，因为我死了你就会沉没。""我知道。"蝎子一面下沉一面说，"但我是蝎子，我必须蜇你，这是我的天性。"

我相信稍微有点儿阅历的人都见过无数这样的"蝎子"。注意，离这种人远一点儿，别指望奇迹会在你面前出现。

我们可以看一下曾国藩的用人之术，我觉得非常实用。曾国藩的用人之术很有特色，最典型的就是“广收、慎用”，实际上也就是用实践来检验结果。凡是有一技之长的人来投奔他，他一定会收下来。但他很慎重地用人，不轻易重用，也不疏远。他总是让人先办点儿容易的差事，如果办得好你就可以被提拔；如果办不好，兄弟，你就只能办点儿更小的事情。这种做法非常适合当时的局面，就凭这套办法，他将民兵组织——湘勇变成了朝廷第一劲旅。他的手下光是封疆大吏就出了23人，值得学习啊！

第三章

别怕，这就是人才战争

对稀缺资源的争夺

如果说有什么社会活动一直伴随着人类，我认为是战争！当利益分配出现问题时，当资源稀缺时，战争就变得不可避免。王侯将相，宁有种乎？正是这种最原始的思想的鼓动，使战争变得不可避免。

在讲战争前我们首先要谈两个问题：什么是资源？为什么要争夺资源？根据纯粹的字面解释，资源就是可被利用的物质。从狭义的角度来讲，是一切能用于生活、生产的天然的物质；从广义的角度来讲，凡是有用和能用的物质都是资源。这个世界没有人不想生活得好一些，但是，要想生活得好一些就需要资源。空气、水、空间都是资源。阿拉伯人为什么生活得挺好？很简单，他们有石油啊！可能各位要说了，你说的话不对，日本人没什么资源不也活得挺好吗？我的答案是：日本有资源，日本有优秀的人力资源！而这恰恰是最重要的。

沃尔玛是一部赢利机器，如果以家族财富来衡量，就算是比尔·盖茨的资产也远逊于沃尔顿家族的资产。我相信沃尔玛成功的原因非常多，但

是，最重要的是沃尔玛几乎构成了对消费者资源的垄断，没有哪个厂商敢跟它们叫板，除非你真的不想做了。没有沃尔玛，厂商通往消费者的渠道就要被掐断一大半，你让厂商怎么牛得起来？我有一个朋友，他从沃尔玛离职后进入另外一家零售企业。这个哥们儿有一天跟我说，他感觉自己过去的很多谈判技巧不知道怎么搞得不好用了，因此比较困惑。我听了以后哈哈大笑，我跟他说：“哥们儿，你当你是谁？过去别人不是给你面子，是给沃尔玛面子。现在你的公司的销售额不到沃尔玛的零头，给你这么多面子干吗？！”说实话，这可能算是资源惹的祸吧。狐假虎威不要紧，关键是做狐狸的一定要知道谁是自己的后台。

前面说了这么多，无非是说资源的重要性，下面我们谈一下该如何获得资源。实际上，获得资源的方式无非是那几种，有人说我的特长是整合资源，不过说实在话，在没有资源的情况下是没法整合的。好了，让我们先看一下如何获得资源吧!

第一，继承。海湾的阿拉伯弟兄们在自家打个井就能冒油，没有办法。澳大利亚的人均自然资源就是多，穷人也可以住大房子，这些房子扔在香港就得改名叫“豪宅”。有些人则是衔着金钥匙出生的。大家都希望自己的老爸是亿万富翁，这样是最省事的，生来就是富翁，就是资源的拥有者，即使不会整合资源也无所谓。

第二，制造。比如你去填海，填来填去，海被你填平了，你就有了一块地。早在几千年前有一只叫精卫的鸟就是这么干的，所以你也可以这么干。当然，这项工作的缺点是比较累，消耗的时间比较长，结果比较难以预测。

第三，战争。俄罗斯本来是一个欧洲国家，折腾来折腾去，它在亚洲的面积比在欧洲的面积还大，都是几个世纪的掠夺积累下来的。我不参与道德上的评判，我只想说一个观点，即凡是不能证明违法的行为就是合法的，在合法的前提下获取绝对是掌握资源的最快手段!

在商业社会，每一个百分点的市场占有率、每一元的利润都需要通过和竞争对手鏖战获得。有人说，我去发现蓝海，那里没有竞争。但是，这个世界上有永恒的蓝海吗？今天的蓝海就是明天的红海，战士的鲜血让它变成了红色。有利益就有战争，妥协与和平不过是一个不稳定的过程而已。中国人受传统农耕思想影响太久，不像西方社会，英文单词“aggressive”（侵略性）是完全的褒义词，也可以将其理解成“进取”。中国自唐朝以来变得比较温和，宋朝愿意用屈辱的岁币来维持和平，不太具备攻击性。从唐朝以后基本上就是一部被掠夺史。在这个世界上，资源就这么多，温文尔雅地分配只能是一个理想或者是一种梦想，军事上的战争可能被抑制，但是商业上的战争将长期存在并更加激烈。狼吃羊，羊吃草，你能说羊的道德境界比狼更高？在商场上，你不和竞争对手抢资源、抢市场、抢客户，你就要关门，你的员工就要下岗，你的道德境界会被称颂吗？因此，商业就是战争，有商业活动就有商业战争。

制胜的关键

一位外资银行老总说：“我们能开多少家支行取决于我们能招到多少位支行行长。”这个道理如果被大多数同行所了解，大家都在网罗人才，那么结果将怎样呢？人才战争就开始了。柳传志在联想的制胜法宝是：搭班子、建队伍、定战略。企业发展靠什么？人、财和物。财和物靠什么来盘活，靠的是人。所以，企业的发展靠什么？人才。人才是不折不扣的稀缺资源，为了争夺这种资源，人才战争不可避免。从理论上讲，在有将的情况下有兵才有意义。否则，兵不但不是财富反而是累赘。

如果诸葛亮投奔曹操，三国鼎立的局面将不复存在。没有汉尼拔大将的迦太基人必然是任罗马军队宰杀的羔羊。我们想一下，如果海尔没有张瑞敏，联想没有柳传志，华为没有任正非，微软没有比尔·盖茨，这些企业将会怎么样？可能还会存在，但是肯定没有这么大的名气了。所以，将争夺人才的战斗放在多高的位置上都不过分。正是因为有人才争夺的战争，猎头公司作为这种战争的职业雇佣兵才得以发展和壮大。

既然是战争，企业就必须要有清晰的战略和战术。战争胜利的关键是什么？得道多助，失道寡助？见鬼吧！如果是这样，也就不需要战争了，辩论就足够了。注意，在任何情况下，集中优势兵力的做法都是对的。谁能在局部战场上集中更多的兵力、更多的装备，谁就更可能获胜。争夺人才靠什么？靠不平衡的配置！企业为了吸引最优秀的人必须给出足够大的利益、权力和成长空间，而这一切要靠在其他地方勒紧裤腰带，甚至还要适当损害其他人的既得利益才能实现。诸葛亮为什么不投奔曹操？因为他想匡扶汉室？如果他这么想真是侮辱大家的智商。如果他想匡扶汉室，他为什么不主动找刘备，还要刘备三顾茅庐？他投奔刘备的原因是他可以成为“一人之下，万人之上”的人！在刘备集团中的地位仅次于刘备。而投奔曹操呢？诸葛亮充其量就是一个谋士，也就是一个高级作战参谋的角色。但是，又出现了另外一个问题，是不是企业要大幅度提高人工成本呢？我看未必！

我们需要让关键岗位的薪金诱人。至于大多数普通职位，坦率地说，

不要离谱就行了。一个有10000人的工厂，有9900名工人和普通员工，有100个经理和骨干，如果一个工人每月少拿100元，每个经理和骨干一个月就多出了9900元，那么你请到的经理水平就完全不一样了。而且，好的经理可能只需要80个就够了，而不是100个。还有，好的经理可能让8000人干了9900名工人干的活儿，这样又可以节约一大笔开支，剩下的钱又可以改善员工的待遇。所以，薪金的支付和权力的分配必须不平衡，尤其是在发展中的企业。我有一个朋友，他们公司有一个人月薪9万元，而其他人月薪最高的也就是1万元，但恰恰是这种配置让他们的企业脱胎换骨。试想，如果让诸葛亮从底层做起（没有实战经验，逻辑上没错），三国鼎立的局面可能就不存在了。这种配置模式就是集中优势兵力。曾经有个企业的老板问我："我们想挖某跨国企业的高管，行吗？"我回答："有什么不行？只要你知道要什么样的人，准备好预算和空间就行了，剩下的事交给我。"给股份、给待遇、给空间，谁不动心？况且还有以此为生的猎头顾问，他们能将你自己都没有发现的优点帮助你挖掘出来。

人才战争的一个误区在于试图在各个岗位雇用最好的人。这就好比在战场上不放弃任何一个村庄一样，是非常低级的错误！要知道，最伟大的公司里面也存在非常平庸的人。很多岗位没必要用太优秀的人，试想，有必要让诸葛亮这种人长期当一个县衙小吏吗？太浪费了。每一条生产线的工人都需要比同行水平高、薪水高吗？不，你只需要一个能干的生产经理，让乌合之众变成合格的工人。在一些关键岗位上我们需要有孤注一掷的勇气，在另外的地方企业必须装聋作哑，并具备葛朗台式的吝啬。对发展中的企业而言，这点尤其重要。苹果公司非常有钱了，是全世界最有钱的公司之一，他们在美国的店员也只赚十几美元每小时。兄弟们，这个数比最低工资没高多少，苹果没有在这个岗位聘请什么名牌大学毕业的精英，貌似也没这个必要啊。当然，这个岗位的员工的收入比起在中国的代工厂的工人那就不知道高到哪里去了。但是，他们的老大库克呢？他的年薪是3.78亿美元。有时候我在考虑，诺基亚为什么不在自己鼎盛的时候将在北欧的工厂全部关掉，然后让亚洲的代工厂帮助他们加工呢？这可以节省多少成本啊！真是妇人之仁害了诺基亚啊。

人才战争的另一个误区在于在错误的时间打一场错误的战争，换句话说就是找错人了！你要找只能上树的猴子，结果你弄来了一条鳄鱼。虽然鳄鱼这玩意儿在河里面很狠，但是对爬树似乎没有太多经验。很多小企业请了一些对资源过度依赖的高级经理人，结果付出的代价不低，效果却很差。人家用惯了坦克，你却给一台拖拉机，不擅长也真是在所难免。不同性质的企业需要的人才截然不同，再优秀的人也要放对地方。所以，当企业主在转型期间拿不定主意时，一定要找一些资深的顾问聊一下，虽然咨询费不便宜，但比失败的代价便宜得多。而且还有一点要注意，不要找擅长纸上谈兵的人为将。什么是纸上谈兵？纸上谈兵和学富五车怎么区分？这

还真没有明确的界限。说到底，这还是对人的隐性特质如何洞察的问题。

花钱买路，我们需要指路人

我曾碰到一个颇具黑色幽默性质的事例。几年前，我的同事和一家保健品公司（这个公司的母公司的主业并非保健品）接触了一下，这个公司希望我们帮助他们寻求一个营销总监或者是销售总监，实际上他们自己也不太清楚自己需要一个什么样的人。由于我有一些营销方面的背景，所以我的同事希望我可以参与这个项目。和他们接触以后，我发现这家公司的问题非常多，除了还算有点儿钱以外，其他什么也没有。而且，他们正在犯一些常识性的错误。我的判断是：如果真的要做好这个项目，需要花很大的精力。但问题是这家公司的老板对我们的正常收费是不认可的，他认为这些东西看不见、摸不着。你让他出100万元买辆车没问题，让他出10万元找条路他就想不通了。但是有车没路，车还不是废铁？

正如我们所担心的，这家公司愿意支付的佣金少得可怜，要命的是他们对这个项目的领军人物的期望值非常有问题，在资源不足的情况下待遇也不愿意给得高，只是给一些非常空洞的共同创业之类的精神鼓励。这样，由于风险和收益不成比例，而且我们认为这个项目很难有好的结局，所以决定放弃。毕竟，我们不是慈善机构。出于礼貌和职业道德，虽然我们明确表示了要退出这个项目，但我还是亲自回答了他们询问的几个问题。我以为故事结束了，没想到才刚刚开始。他们紧接着排山倒海般询问我新的问题，如果我一一答复这些问题将是一个巨大的工程。因此，我只能礼貌地告诉他们："对不起，我实在不能做免费的回答。"对方的反应更令我吃惊，他们认为："我都没有看到什么收益怎么给你钱啊？等到事情干完了再说吧。"到了这份儿上，我也实在无话可说了，我能说的只有"抱歉"。6个月后，经过几轮毫无意义的尝试和犯了大量常识性错误后，这家公司放弃了这个项目。

这家公司犯了常识性错误，他们没有搞清楚将军对战争的作用。在没有将的情况下就招兵，这些兵除了消耗粮食以外没有什么别的作用，而且他们在用人方面非常投机，对关键岗位的职业经理人不肯给好的待遇和承诺，希望用空头支票来取代现金，还希望猎头公司做一回雷锋。当找不到路就是死路一条的时候，其实花钱让别人给指条明路是唯一的选择。当自己找路比让别人找路的成本还高的时候，我们为什么不省时省力地让别人给我们指路？在知识爆炸的年代，任何人不可能也没有必要成为所有方面的专家，尤其在进入一个新的领域或企业出现变局的时候，外力是非常重要的。事实上，所有人和所有企业都需要向别人咨询，包括本身从事咨询

行业的企业，而在不恰当的时候企业的自大和自力更生几乎就是变相自杀!

给各位讲个案例，是关于一个叫“赚得多”的风险投资公司的。赚得多公司在互联网领域的投资斩获不少，但是，他们希望能够进入日用消费品领域，他们开始频频与一些创业团队和公司接触。这个新的项目由一个合伙人赵云负责。我曾经见过赵云，知道这个消息后和他联系了一下，想看看有没有合作的机会，因为我知道他们团队的大体构成，根据常识判断，他们没有懂消费品的人。赵云非常客气但也没有什么回复，他认为做生意的道理差不多，自己的公司也很谨慎，暂时没有这方面的需求。看到这个情况，我也只能礼貌地表示再联系了。

几个月前，我的一个朋友告诉我赚得多公司正准备投一笔钱到一个项目上，负责人就是赵云。出于好奇，我打听了一下来龙去脉。我的朋友说这是一个做酱菜的项目，商业模式很简单，就是找别人代工贴牌生产产品，然后卖给经销商。我问：“这个项目已经开始运作了吗？”我的朋友说：“还没有，等赚得多公司给钱呢。”我问：“这种项目也能拿到钱？”我的朋友说：“可能赚得多公司希望摆脱所有项目都是与IT有关的局面吧，所以想进入传统行业试一下。不过这个项目很好，毛利很高，这个项目的团队成员都很强，领头的吕布水平很高，经销商都非常愿意给钱……”听到这里，我感觉这真是一个非常拙劣的故事，是一个烂到家的破项目，如果让风投投资，才真叫没安好心。关键是赚得多公司没有了解这个项目的内行，看不出其中的猫腻。我本人就是从消费品行业出来的，用我所具有的知识来分析，这个项目有几点是完全站不住脚的。

第一，这是一个没有核心竞争力的项目。生产？你没有工厂，成本不可能是最低的。品牌？你还没有开始运作，品牌力是零，而打造一个品牌谈何容易！渠道？更是笑话。大家都清楚经销商是商人，他不可能因为过去和你做过生意，你现在再做一个新品牌还无条件支持你。渠道追逐的是利益，不是情谊。团队？这更是大笑话，临时拼凑的部队能打赢久经训练的正规军？而且领头的吕布这人我听说过，负面评价多过正面评价。

第二，这是一个赚得多公司根本无法控制的项目。快速消费品的市场投入费用非常复杂，很多费用的投入产出比很难评估。这也是这个行业灰色收入很多的原因！就像一个平面设计，20万元可以，2000元也可以。二者之间细微的差别只有行业内的高手才能分辨得出。各种名目繁多的终端费用、促销费用，别说外行，内行都头大。而这些费用的支出，尤其是在项目的前期，你根本没有一个历史参考依据！钱如果不花，等死！不会花，找死！如果被人别有用心地乱花，必死！以赚得多公司目前

的人力配备，他们根本不理解这些费用的分配，监控几乎是不可能的。而在这种情况下只有一种可能，就是失控!

我考虑了一下，觉得有必要打个电话提醒一下赵云，电话通了以后我先寒暄了几句，并客气地说："听说你们要投资一个酱菜的项目……"我其实想告诉他这个项目有问题，而且我认为他们团队中应当配备懂快速消费品的成员。但赵云的反应非常冷淡，他告诉我这个项目不错，言下之意很明显：别试图推销你们的服务了。其实，就算对方不考虑用我们的猎头服务，我也可以将我的观点和他分享。但是，对方的态度让我也觉得没有再谈下去的必要，所以寒暄两句就此打住，人员配备方面也没再多说一句。我心想：哥，您就自己折腾吧!

我相信各位都很希望知道结果，好结果往往来得很慢，而坏的结果往往来得很快。这个项目比我想得更加烂，吕布根本就没有想过将这个项目做起来，再加上赚得多公司派出的项目经理完全没有行业经验，投入的款项几乎全部进了吕布的腰包。赚得多公司根本就玩不转吕布。

我觉得赚得多公司犯了两个大错误：一是在进入这个领域前没有请教这个领域的专业人士，也没有招聘专业的人才。能投资几千万元到消费品项目，为什么不出一少部分钱建立这方面的团队？二是就算我去拉生意，就算我希望从他们那儿拉点儿投资，也改变不了我对消费品的理解和团队建设的理解是对的这个事实，为什么不虚心一点儿让我把话说完?

每个公司在经营过程中都可能遇到类似的事件，大家都可能在不同的时间站在不同的十字路口，这时候我们需要别人来给我们指路，说得更加直接一点儿就是我们需要投入资金来让别人给我们指路。否则，你就做好准备付出更多的时间和代价吧! 在人才战争中谁来帮你指路? 优秀的猎头顾问至少是其中的一个选项，尤其是进入一个相对陌生的领域。猎头顾问就算不知道路在何方，他至少可以帮你找到给你指下一段路的人。在人才战争中，猎头的角色既是雇佣兵，也是参谋。

流氓会武术 VS 大象能跳舞

任何一个公司想胜出都需要靠某一种核心技术，但是，不同类型的企业的核心技术是完全不同的。我非常遗憾地发现，很多管理方面的书籍混淆了这些区别，这导致很多公司越学习死得越快，但不学习就是坐以待毙。悲剧啊! 企业由于规模不同可以分别被比喻为狐狸和大象，狐

狸有狐狸的活法，大象有大象的活法。狐狸由于体形小，必须不断地投机取巧，必须见到强敌就跑；而大象由于体形大，要找到食物供给充足的地方生活，要更好地协调自身的各个庞大的器官，但是它的天敌少，需要关注的竞争对手不多。正因为如此，才导致了各自的生活策略和生存方式完全不同。

很多商业大哥的某些观点客观上是对小公司的愚弄，我们不能在少年时期学习人家中年后的行为。如果一个小公司一开始就处处模仿大公司，基本上不死都难。大公司有什么部门你就设立什么部门，大公司请什么人你也试图请什么人。用脑袋想一下，你怎么可能竞争得过大公司？事实上，任何一个伟大的企业都是从1岁活起，从小做起。1岁的时候不可能“十八般武艺样样精通”，它的优势往往只有一两个，而且资源也肯定严重不足。在这个阶段，运用一些“取巧”的方法也是不得已的选择。今天在商界叱咤风云的大亨其实在当年都是小狐狸，而不是天生的大象。

狐狸虽小，却有极强的生命力，它们很会取巧，它们是生物界的流氓。流氓没有太多的条条框框，所以很容易创新；流氓脸皮厚，所以百折不挠。但是，流氓不等于无赖，他们有血性，敢于拼搏。而且，仅仅是流氓是不够的，流氓需要再会点儿武术。例如韦小宝，他比普通流氓会打架，且办法比陈近南多，所以想不成功都难。而在商业社会中，什么是武术？那就是战略和战术。

实际上，企业在发展的初始阶段可采用的“武术”也可以理解为一种“游击战法”。游击战并不是堂堂正正的战斗，也不遵守什么条条框框，打得赢就打，打不赢就跑。小企业在请人的时候不要总想着样样都和大公司比，不要找一些只懂如何“让大象跳舞”的人，而是要请一些“游击战”专家。要知道，自己80%以上人员的素质是不如大公司的，这是现实！我认识一个企业家，他的生意实际上也就是刚刚度过生存期，但是他心怀宇宙。他特别仰慕大公司，在和一个半吊子咨询专家深度沟通后，他将公司的全部重要岗位换上了有跨国企业背景的“专业人士”。最后的结果是，他的公司在“改革”后一年内倒闭。我在一个私人聚会上见到了这位落魄的老板，他询问我自己的改革是不是还不够彻底。我哭笑不得，告诉他：“你请来的人都是习惯打领带的，你却让他们上山打游击；他们是有屠龙术的专业人士，你却让他们捉麻雀。在这种情况下不互相坑一把才怪呢！您在现阶段需要请几个‘会武术的游击专家’做帮手。他们本身就没有资源，所以不需要太多的资源配给，随便捡块板砖就是远程武器，拿把菜刀就是近战装备；他们善于鼓动，所以不需要广告支持；他们办法多多，会有很多被‘专业人士’嗤之以鼻的独门暗器。最后，你再给出高薪，画上一张大饼（可以称为‘远景’），这才是正路！”

反观大的企业，他们不再依赖狐狸般的狡猾，他们需要的是协调和配合，不能为了一个人而损害整个系统。大企业不太需要天才，需要的是精确的管理、更加紧密的团队合作。事实上，只有限制一些个性，大象才能跳舞。当小企业最终长大以后，“流氓会武术”的风格会慢慢地被“大象能跳舞”取代。所谓对错，都是在某一个环境下而言的。

第四章

别装，用人就那点儿事

企业的灵魂

俗话说，千军易得，一将难求。求良将的必要条件是什么呢？我认为是帅！帅给了将一个舞台。没有一个好的主帅，好的将是无从谈起的。在商场上谁是帅？就是我们的企业家。

企业是职业经理人的舞台，而企业的领导人则是企业的灵魂。没有企业，职业经理人就无从谈起；没有灵魂，企业也就成了行尸走肉。猎头也就更不需要存在了。所以，企业平台对职业经理人非常重要。让我们研究一下企业如何才能够成功，而职业经理人又如何与企业一起成功。我曾经在帮助企业进行战略咨询的时候谈到过影响成功的几个要素，我认为企业的成功是建立在组织成功和个人成功的基础上的。我将成功的要素总结成以下9条：领导、团队、模式、目标、态度、沟通、执行、学习/适应和创新、持续和爆发。

在我提到的这9条中，每一条对成功都有重大影响，领导则是组织成功的决定性因素。因为成功的领导是其他8条成功的前提条件。由于篇幅

的关系，我在本节中对其他几条不做过多探讨，我们主要剖析一下领导对成功的影响。好了，让我们看一下领导所起的作用。

第一，制定战略和目标。领导不能参与实施战略目标的每一个环节，但是在制定的过程中领导的作用是不可低估的。比如，领导说你们亩产过万斤，那么下面必然会出现浮夸风。领导说你们亩产100斤就行了，那么团队能去拼命吗？战略和目标因时而定，必须具有前瞻性和现实性：高了不行，低了也不行；冒进不行，保守也不行；僵化不行，频繁调整更不行。而最难的在于战略的很多问题难于完全量化，变量太多，有些问题还真的需要拍脑袋。所以，领导是一种艺术，而不仅仅是科学。职业经理人可以培养，而领导、领袖则必须讲究天赋，单纯地进行后天培养是难于奏效的。无数事实也证明了一个好的职业经理人可能是蹩脚的企业家。一旦一个企业制定的战略目标有问题，那么，执行力的好坏就无从谈起了。

第二，建立团队。团队的作用是不可低估的，当方向确立以后，剩下的就是人的问题，也就是团队的问题。一个好汉三个帮，靠一个人打天下已经成为历史。企业就像一部精密的机器，团队则是操纵这部精密机器的组织。一位老板曾经自豪地对我说：“我是狮子，带领羊群就可以打败对手，因为他们（竞争对手）是羊带领的狮子。”当时我的回答却让这位老板十分郁闷。我说：“您实在是不简单，但我有两个疑问。一是既然您是狮子，您为什么要带领羊呢？这似乎不符合物以类聚、人以群分的逻辑。二是您现在能打败对手是因为羊带领狮子，但是有朝一日有狮子带着狮子加入到你们的行业怎么办呢？”这位老板听完我的话后沉默良久，以后的做事风格也有了很大变化。

第三，树立价值观和游戏规则。很多人都认为，所谓价值观实在是太虚无缥缈了；还有些人认为这是大企业的专利；更有人压根儿不信这个。实际上，价值观是企业的灵魂。说得直接一点儿，老板的价值观就是企业的价值观，私人企业如此，上市公司如此，世界500强也是如此。“楚王好细腰，宫人多饿死。”一个企业的价值观好比一个企业的宗教，实际上也起着为企业所有者服务的作用。价值观决定了一个人的道德观，能够影响其工作方式和思维方式。而且，价值观一旦形成，修正起来就十分困难。这里有一个颇有意味的例子。

某一个公司的员工不知怎么回事特别喜欢应聘我们公司的职位，我们也尝试着录用了两个人，但是都没有通过试用期。最后，我终于知道了原因：这个公司的老板性格多疑而且总是出尔反尔，结果导致这个公司的价值观存在问题，员工之间互不交流，或只做表面交流，大家都喜欢向老板告密，做一些毫无用途但能糊弄老板的东西。结果，只要是在这个公司待

过3个月的人，基本上都会变得神经兮兮的，对人不信任而且人生价值观扭曲。要扭转这种局面，要花的力气十分惊人。所以，以后这个公司的员工再应聘我们公司的职位，我们一概拒绝。治愈癌症是困难的，而错误的价值观一旦形成则好比精神癌症，治愈更难！很多企业根本没有规则，或者说老板的话就是规则，这实际上是企业的无政府主义。而有些公司的游戏规则基本上是多干少干一个样，结果人的劣根性全暴露出来了！因此，错误的行为往往是由错误的规则所导致的。

当领导出现问题的时候，短期内企业可以凭惯性滑行一段时间，长期下去必然会自掘坟墓。我们可以这样看一个问题：战争失败的主要责任往往在于统帅而不是士兵。楚汉之争的核心是项羽和刘邦的较量；拿破仑的失败不在于法国士兵的无能，而在于他在战略上的巨大错误——他居然试图让积弱不堪的法国征服整个欧洲。同样，在现在的商战中，哪一个企业的成败不是和企业领袖息息相关？脑黄金为什么垮了，脑白金为什么崛起了？所以，我们在和客户合作的时候，都非常关注对方的最高管理层。同行都知道我有一个习惯，就是重要客户的一把手我都尽可能想办法见一下。原因非常简单，我希望知道我们在为一个什么样的客户服务。从客户的领导身上，我往往可以看出这个客户值不值得我们投入精力。我始终坚持一个原则：绝对不和死尸联盟！绝对不给尸体输血！

在现实的商战中，领导决定着企业的成功与否。如果一个企业的领导是阿斗，那么，是否能找到诸葛孔明来出任二把手已不重要，因为这个企业早晚都会死亡。只有当领导是伯乐的时候，企业才会给千里马生存和发展的土壤，而企业的成功才有理论上的可能。领导切忌被小人利用，这个世界到处都有利用别人的无耻小人。下面，我和大家分享一个故事。

项羽是一个公司的总裁，这个公司的人力资源及行政总监胡嘉蔚过去是项羽的秘书，跟着项羽创业多年。胡嘉蔚是一个看上去非常随和但实际上非常有心计的女人，她在公司的口碑很差，但是职位多年来都稳如泰山。

项羽拼杀多年，感觉有些疲乏和力不从心，就通过猎头公司请了一个常务副总裁韩信。项羽很有人格魅力，也不太计较利益，韩信觉得备受信任，决定大干一场。但是事情不像想象的那么简单，有很多意想不到的事情还是发生了……

韩信发现公司员工经常对伙食抱怨，他也没有特别在意，认为可能是过去管理比较粗糙，他找到了胡嘉蔚，并且很客气地希望她尽快解决一下，实在不行就换供应商，并给了她几个供应商的联系方式。胡嘉蔚对韩信的话认真地做了记录，并做出一副一定落实到底的模样。这让韩信感到非常痛快。韩信一直在跨国企业工作，当他决定加入民营企业的时候很多

人劝他不要加入，但他认为管理是共通的，而且觉得项羽和其他人不一样，所以毅然选择了追随项羽。他觉得这个公司的管理人员的职业素养非常不错，对自己的管理工作非常配合。

但是，他不了解胡嘉蔚。

胡嘉蔚非常有心计，她姿色中等，但比较会打扮，更会为自己谋私利。大家都知道她是项总的人，和她过不去就会被项总修理。但是，韩信刚来，不清楚这个情况。食堂的外包公司实际上是胡嘉蔚的表弟开的，钱基本上是胡嘉蔚在赚。对于韩信的提议，她是无法接受的。她表面应承韩信，但转头马上对项羽说韩信想换食堂供应商。项羽问："成本会增加吗？过去不是好好的吗，为什么要换？"胡嘉蔚说："韩总觉得吃得不好，一定要换。一年大约增加500万元吧。"胡嘉蔚是把新供应商的原始报价报上去了，实际根本不用增加费用，甚至可以节约不少。被她断章取义这么一说，项羽大怒，随口说："这个韩总怎么这么娇贵，500万元就这么没有了。"胡嘉蔚做为难状，轻轻地说："项总，我们是一起从苦日子过来的，韩总原来在跨国企业工作，他没有过这种苦日子的经历，您要体谅啊。再说这个供应商是韩总的老关系，我也不敢多参与。我劝过他，但您知道……您千万别生气，这样我很难做的，毕竟我还要向韩总汇报。我们这些老人尽力做好本分工作就是了。"说着，她哀怜地看着项羽。项羽有些感动，说："行，我来处理吧。”胡嘉蔚接着又和项羽谈了一些韩信其他的工作状况……

在周例会上，韩信提出了食堂存在的问题，他问：“胡总，新的供应商你选择得怎样了？”胡嘉蔚说：“您推荐的我联系过，但每年要增加500万元的费用。”韩信说：“我们有5000多人，如果这500万元真能提高员工的满意度也是值得的，当然最好费用不要增加这么多。”这时候项羽忽然插话，说：“韩总，为什么要换供应商啊？”韩信没在意，回答说：“我们现在的伙食比较差，员工的满意度比较低，我觉得咱们公司的伙食和我过去的公司相比差距的确挺大。”项羽笑着说：“啊，我们现在要采用的是你们过去用的供应商啊。”韩信随口说：“是啊。”项羽接着说：“原来是你的老关系啊。不过，我觉得现在的供应商不错啊！在座各位谁觉得不好啊？”

项羽的声调不高，但穿透力非常强，办公室变得非常静，大家都说：“不错，不错。”

项羽微笑地看着韩信，说：“韩总，您花钱花习惯了，但您知道我们不是跨国企业，钱不多，大家都说好，500万元就别花了。您自己和您的老关系说一下，就说我们暂时用不起他们。”

韩信的脸色非常难看，所有人都知道老板在讥讽他，他更清楚，尤其还是在下属面前，但是他不想让自己太尴尬，他说："我就是向胡总提个建议，价格是她谈的。我觉得价格还有回旋的余地。当时，对换供应商一事胡总也没有什么意见。"

胡嘉蔚说："其实我觉得现在的供应商非常不错，我觉得可以不换，但是韩总的命令我们肯定要执行。对了，我们行政部做了一个食堂的满意度调查，是我让负责行政的应盛重做的。小应，结果怎样？你汇报一下。"

应盛重满脸堆笑地说："是。我和32人做了访谈，其中不满意的一个没有，基本满意的有27人，非常满意的有5人。有人说，项总人太好了，为我们想得太周到了，在别处打工从来没有这么好过。"

韩信几乎被气晕了，他没想到胡嘉蔚如此玩自己，他生气地对应盛重说："你怎么做的调研？有代表性吗？"项羽打断了韩信的话："韩总，我们要让下面的同事工作，要让他们讲话嘛！"

到了这个时候，韩信觉得自己也不好再说什么了。会议匆匆结束，一个月后韩信义无反顾地离职了。

其实，从这个案例中可以看出，韩信是项羽好不容易请来的职业经理人，但是稀里糊涂地就被人给挤走了，而项羽反而稀里糊涂地当了帮凶，使小人非常有心机地借刀杀了人。这种企业永远找不到能上树的猴子，就算有猴子加入，要么被同化成猪，要么就被猪做成红烧肉吃掉。

有效的战争机器

企业花费大量的时间建立自己的人力资源系统，希望打造优秀的管理团队，每一个企业家和管理人员都希望自己能够做伯乐。但是，如何做一个伯乐？作为猎头公司的从业人员，我希望就此问题和各位进行探讨。企业的人才系统工程细分起来可以包括求才、选才、组才、育才、用才、留才、送才几个方面。求才是指通过各种渠道认识人才，其中最重要的一个渠道就是猎头；选才就是选择合适的人才，并将其放在合适的岗位上，避免错位与浪费，防止大材小用和小材大用；组才就是组建团队，让优势互补的人才发挥“1+1>2”的效应；育才主要是用针对性的培训和各种历练弥补人才的不足，同时培训员工的道德观念；用才主要是用人的长处，有时为达到某种特殊的目的也可以用人的短处，比如有些连锁超市非常“无赖”，所以很多厂家专门安排一些匪气重的人和他们打交道，让最终结果

负负得正；留才是指留住人才为我所用，一流的企业靠文化和理念留人，二流的企业靠人留人，三流的企业靠钱留人，不入流的企业根本不留人；而送才也是一种艺术，很多人过去立下汗马功劳但现在实在不适合公司的发展，对这样的人该送走就得送走，但是不要做得太绝，而且不要太抠门儿。在这个系统中，求才是基础。如果求才出现问题，其他几个方面都无从谈起。可以这么说，将人才争夺当作战争的话，求才系统就是赢得这场战争的机器。

求才实际上就是一个选拔和吸引人才的过程。我听到过不止一个公司的最高管理层说过同样一句话：我们对人才是不惜成本的，我们愿意出钱。我被这种求贤若渴的精神深深地感动，但是我还是要说，求才是一个系统工程，是一个非常专业的系统工程，求才需要有明确的方法论。让我们来看一下如何正确求才吧。

第一，求才的第一步是选拔，而选拔的首要条件则是确立选拔标准。

建立标准则必须进行职位分析，企业必须明白该设立什么样的职位，需要什么样素质模型的人。我们很难要求举重运动员有很强的耐力，也不应该要求跳远运动员同时是一个柔道高手。我们需要搞清楚一个职位所需要的核心素质是什么。很多企业花费重金设立不同岗位的资格模型

（Competency Model），但是对职位的具体要求还是非常表面化。说句实在话，能够清晰地知道自己要什么类型的人的企业并不多。但是，如果你过不了这一关的话，那么，什么测评和选拔基本上都没用。

一个职位需要什么类型的人，我认为至少要考虑4个因素：岗位职责、企业现状、企业整体人员的水平和薪资预算。

1. **岗位职责。**一个可以在跨国公司做CFO的人可能不能胜任一个中型民营企业的财务经理。为什么？关键就是岗位职责的问题。民营企业的财务经理的岗位职责虽然没有那么深，但是比较宽。比如，在跨国企业的中国公司里面做CFO可能不需要有太强的融资能力，因为总公司那边有大量的低息贷款，但是，民营企业就需要拥有这项能力。企业在招募的时候需要对所招募的职位的岗位职责进行务实的界定，不要试图找一个包打天下的人，但是也不要一味被对方过去的职位吓倒。

2. **企业现状。**同一个职位在不同的企业做的工作完全不同，一个处于创业阶段的企业和一个已经非常稳定的企业可能需要的是完全相反的人。我认识一个人力资源总监，有人对他非常推崇，有人却认为他是垃圾和骗子。我和他交往了一段时间后发现，这个人非常有激情，可以带领员工喊口号，而且员工确实会被他感染，他可以帮助企业用很低的费用招聘

到大量专业人士。但是，他的缺点也是有激情，他时常说过头话，结果又不能实现，让人非常反感。实际上，这位仁兄特别适合在快速发展的企业中工作，这时候他的缺点就是优点；而他绝对不能在成熟的企业中工作，因为这时候他的优点就是缺点。

3. **企业整体人员的素质。**企业整体人员的水平也深刻地影响着一个具体岗位的用人要求。有一个企业表示要不惜血本招募一个人事经理，我当时对那个企业领导说了一句话：如果您穿一件500元的西装，却要打一条3000元的领带，这条领带就完全没有价值了——没有人相信这是3000元的领带。同样，如果你把奔驰的发动机装在夏利车上，这个发动机的寿命只用了一半车就散架了。我们不要追求平均和绝对的平衡，但是太不均衡肯定也不行。我们很难想象一个月薪10万元的人和月薪1000元的人会进行团队合作。

4. **薪资预算。**用人是一门理性和务实的科学，所以薪资预算也非常关键。你可能花费500元总能买到价值600元的东西，因为你的采购和谈判技巧好。你也可能偶尔用500元买到价值1000元的产品，因为你的运气比较好。但是，你不可能总是用500元买到价值1000元的产品。人力资源作为一种商品也是完全一样的，全靠钱不行，没有钱也不行，钱少了更不行。很多企业总是希望找到“物超所值”的人，结果总是问题多多。

第二，选拔（招聘）的渠道是什么？

90%的企业经常为招募而发愁，我们听到最多的一句话就是“招不到合适的人”。下面，我们首先看看招聘的几种常用渠道：

1. 报纸和招聘网站。这是一种最传统和常用的招聘方式，我觉得这种方式再过100年还会存在。这种招聘方式几乎可以招聘从清洁工到总经理一切层次的职位。这种方式特别适合招聘中低层的位置，而且比较经济；其缺点在于占用人力比较多，结果比较难于预测。如果招聘职位数量上没有规模，成本就会比较高。企业可以每年集中起来在有影响力的媒体上刊登几次广告，这样比较符合规模成本，而且也是一种宣传公司形象的方式。但是，这种招聘方式对招聘高层职位的效果不佳，而且容易泄露企业机密。

2. 招聘会（现场招聘）。这是一种见效最快的招聘方式，对基层员工的招聘非常有用（当然，招聘会不能太差），用来招聘大学毕业生效果也非常好。但是，请不要期望可以通过这种方式解决高层职位的招聘问题。不管这个招聘会多么高档，始终只是一个现场招聘而已，高层人员基本上是不可能使用这种方式来推销自己的。

3. 社交网站。已经有很多公司在微博和Linkedin上招聘员工了，不

过要想效果好需要长期坚持，而且企业对招聘人员的要求相对也比较高。

4. **内部推荐。**这是一种非常廉价和有效的招聘方式，但是这种方式的最大坏处是容易出现内部帮派。说句实在话，如果你的一个下属是副总裁推荐来的，你敢轻易炒掉他吗？除非你是圣人或者是疯子。对于内部推荐，我个人的忠告是：内部推荐的员工绝对不能超过总员工数量的15%，否则就会有麻烦。

5. **第三方招聘。**也就是雇用猎头公司（低级的职位你可以委托职业介绍所）。这是最市场化的一种服务，这种方式如果用得好，肯定可以大幅度降低成本和提升效率。我认为，企业最终应当将招聘全部外包出去，专业招聘机构的效率、专业水平和评估水平绝对不是企业人力资源部门能够比的。如果一个公司的招聘部门可以比专业的招聘机构的效率还高的话，那么，我建议您可以将人力资源部门注册为一个独立的公司。这种招聘方式的最大问题在于能否选择一个合适的招聘伙伴，这个合作伙伴必须理解企业的生意，富有职业道德和专业水准。实际上，企业未必需要寻求最有名气的招聘机构，而要根据自己的情况进行判断，寻求合适的伙伴。至于如何选择，我会在另外的章节中讲述。

一个企业要根据自己的实际情况将以上几种方式搭配使用。从发展趋势上来看，扩大第三方招聘的份额是发展的必然，因为无论从效率、速度及可靠程度上来看，第三方招聘都会更好一些。雇用一个好的招聘机构等于请了很多高级参谋，对规避风险和提高招聘准确度都有非常大的帮助。

第三，确立吸引人才的策略。

我们必须明白，这是一个互相选择的年代，每一个潜在的求职者都想努力获得最佳的利益，而每一个企业都希望尽可能捍卫自己的利益，这就不可避免地存在矛盾。实际上，企业和人才需要做的就是在矛盾中寻求一个双方都能接受的双赢方案。相对来讲，真正的人才往往具有一定的稀缺性，他们往往并不过于为工作发愁，企业则需要考虑用什么样的策略来吸引他们。吸引人才通常需要注重以下几个方面：

1. 薪金。君子必言利，越是人才越清楚自己的身价，企业在拟定薪金的时候需要考虑薪金的竞争力。实际上，了解一个职位的市场价格的途径非常多，比较大的公司可以购买薪金调查报告，比较小的公司可以选择以类似的公司为参考做一个简单的市场调查。还有一个更简单的办法，即你可以咨询和你合作的猎头公司，如果合作比较愉快，这些咨询往往是免费的，而且相当准确。

2. 职权（职责和授权）。职业经理人需要以企业做舞台，企业需要职业经理人有一个精彩的表演，而这一切必然归结到职责和授权上。吸引人才的一个重要因素就是有让其施展才华的空间。很多企业给高薪不给职责，将人当摆设；有些企业给职责不给授权，让人干着急，这些都是大忌。好的职业经理人绝对不愿意当摆设、做傀儡，所以企业给出的职责和授权要有一定的吸引力，职责和授权要基本对等。刘备三顾茅庐之所以能够请到诸葛亮，不仅仅因为刘皇叔有诚意，更在于刘备给出了足够的职责和授权。如果曹操能够给出同样的条件，诸葛亮没准儿就加入曹方阵营了。

3. 发展。发展包括两个层面，即公司的发展和员工个人的发展。这些发展需要让候选人看得到，没有人愿意待在一艘快要沉没的船上，除非这个人非常愚蠢。但是，谁又希望招募一群傻子呢？我们曾经向我们服务的一个客户推荐几个候选人，但他们都在最后关头放弃了尝试，因为这个公司提供的薪金的确偏低，而且由于整体系统的原因难于马上改变。我们十分头痛。最后，这个公司为我们推荐的候选人逐一制订了个人五年发展计划，并做了明确的承诺。结果，在薪金没有任何改变的情况下，候选人愉快地签了聘书。

4. 使命（公司魅力）。很多人可能认为这个词实在太虚，实际上绝非如此，关键在于你是否激发了员工和潜在员工的使命感。有这样一个真实的故事：第一次世界大战期间，在执行一次惨烈的任务过程中，一个法国指挥官对士兵们说："最先冲破敌人防线的将有5000法郎的赏金。"但是，几乎没有士兵站出来，5000法郎和生命相比实在是太渺小了。最后，指挥官换了一种方式，他对士兵们大声喊："勇士们，为了法兰西，请跟我冲！"结果，几乎所有士兵都跳出战壕和指挥官向前冲去，敌人的防线被攻破，大多数法国士兵也在战斗中壮烈牺牲。

商场就是战场，职业经理人和专业人士就是商业战士，使命感是战士与生俱来的基因，关键看能否被激发出来。

5. 领导魅力。俗话说，男怕入错行，女怕嫁错郎。在这个世界上，完全没有前途的行业是不多的，"三百六十行，行行出状元"嘛。但是，跟错人就麻烦了。如果跟了一个愚蠢的老板，想不郁闷是很困难的，靠他传道、授业和解惑就更是空中楼阁了。有一个咨询公司做了一个调查，问求职者为什么拒绝了企业的聘书，有超过50%的求职者表示对未来的上司缺乏信心。打个不太恰当的比方：如果有个漂亮的姑娘做酒吧调酒女郎，我们愿意一个晚上多花几百元喝难喝的鸡尾酒，是因为我们愿意和她坐在一起；同样的硬件，如果调酒女郎面目可憎，可能不收钱大家也不愿意浪费时间。企业领导的个人魅力实际上和这个调酒女郎的美貌是一回事。

6．工作环境和工作氛围。在讲这个问题前我想先讲一个故事：我曾经拜访了一个客户，他自言公司非常有钱，他们在不错的写字楼办公，但是这个客户的办公室非常脏乱，可以说到了难以忍受的地步。毫无疑问，他们的办公气氛也非常糟糕。事实上，这个公司的离职率也高得惊人。我相信，至少有一部分离职原因是因为这个办公环境太差。员工和候选人虽然不能在短时间内全面了解一个公司的企业文化，但是，对工作环境和工作氛围的了解则是相当快速的。所以，这些所谓的小事的确可以造成大影响。

当你试图吸引一个优秀的人才加入时，你必须清楚地知道这位候选人可能被公司的哪一条或者哪几条所吸引。毕竟，加入一个新的企业必须要有一个理由。如果一个人连加入一个企业的理由都说不清就贸然加入，那么他根本算不上什么专业人士。当然，不同的企业吸引人才的方式是不同的，关键要看企业自身的情况。如果你的公司是一个发展稳健的大企业，你可以以公司魅力、工作环境和氛围为主要突破口，再配合合理的薪酬和职权；如果你要从比自己更强大的同行处挖墙脚，恐怕你要以薪酬和职权为突破口，配合公司魅力和领导魅力；而如果公司处于创业阶段，你可能要将领导魅力和发展空间当作主要卖点了。总之，企业在不同的阶段要请不同的人才，因此吸引人才的手段也不一样。正所谓“兵无常势”，在这方面，经验和专业程度实在是太重要了。

第四，雇用一个合格的，起码是正直的人力资源经理或招聘经理。

在一个企业中，领导人是大伯乐，每个部门的领导人是小伯乐，而人力资源经理则是一个专职的伯乐。第一个面试候选人的人往往是人力资源经理或招聘经理，如果这一关出了问题，其他的也就无从谈起了。一个蹩脚的人力资源经理不仅不能帮助企业找到合适的千里马，而且可能成为千里马走上舞台的阻碍。我曾经听到一个人力资源经理亲口说："我的薪金才1.5万元，那个家伙刚来就要1.8万元，不行。"结果，那个要1.8万元的"家伙"果然被挡在了门外，虽然这个"家伙"的要求非常合理，而且这个企业也完全能够接受这个要求，但这位经理成了绊脚石。一个优秀的人力资源经理可以帮助企业建立一个良好的工作环境和氛围，并能完全站在公司的角度上理性地看待问题；而一个拙劣的人力资源经理则往往更重视自己的权势和利益，只会拉帮结派、"武大郎开店"，甚至损公肥私。我所知道的一个企业的人力资源负责人，他在选择合伙人的时候将是否能够提供回扣当作第一要素。结果，像样的猎头公司都不屑于和他们合作，而愿意合作的猎头公司的水平都很一般，做事也不太负责任，再加上一个利欲熏心的人进行首轮把关，招聘质量差得惊人。这个公司的总裁曾私下对我的一个朋友说，在中国找人才太难，我的朋友将这话告诉我，我当时一笑置之。我又能做什么呢？科特杰又不是检察院。而这个公司用这么一个人力资源负责人，我们又怎么和他们合作呢？庆父不死，鲁难未已！我只能默默地祈祷这个可怜的总裁自求多福吧。

第五，解决计划和变化之间的矛盾。

当今是一个快速变化的时代，计划不如变化快成了一个普遍的现象，年度招聘计划被改来改去的情况十分正常。但是，这并不意味着计划不重要。相反，好的招聘计划能够充分考虑到变化的因素且让企业不至于盲目。企业可以通过以下几个方面解决计划和变化之间的矛盾:

1. 人力资源部门一定要成为招聘行为的统筹部门，而不能成为执行部门。如果一个公司的人力资源部门仅仅是执行部门，那么，招聘计划肯定会产生混乱，因为用人部门通常只会从局部利益考虑，很难有全局观念。人力资源负责人需要成为用人部门负责人和总经理的参谋人员，并树立全公司一盘棋的观念。

2. 缩短计划的周期。由于市场变化的确太快，我们过去的很多行为变得不合时宜，很多公司还采用年度用人计划的制度，必然跟不上形势。我建议用人公司用半年计划取代年度计划，这样计划将更加实际一些。

3. 缩短反应周期并定期回顾招聘情况。用人部门的招聘计划一旦得到批准，就需要马上实施。我时常发现有些公司招聘一个职位需要半年到一年的时间，这实在太慢了！这样将浪费大量的商业机会。而另外一个由此产生的副作用就是用人部门乱报计划，将小事说大。用人部门往往主观推断招聘一个人要花费的时间，将本来准备3个月以后招聘的人也提前报计划，结果造成企业的资源被极大地浪费。人力资源部门和用人部门需要建立一种互相信任的关系，而要做到这一点，加快反应速度和定期回顾非常重要。为了缩短周期，人力资源部门需要将统计数据反馈给用人部门。

第六，创造一个高效的面试流程。

我曾经遇到一个企业，他们面试了一个候选人后就没有消息了，过了9个月后他们通知候选人来上班，给出的待遇比候选人当时提出的还高10%。但结果是，候选人断然拒绝接受这个企业的邀请。冗长的面试流程将使候选人对本来感兴趣的职位变得毫无兴趣。而猎头公司也特别害怕和这种客户打交道，就算勉强合作也是敷衍了事，结果肯定会降低招聘质量，而花费的时间也更加长。有这样一个公司，他们对每个职位的招聘都要经过5轮面试，而且每一轮的时间都不在一天，一个面试流程要持续两个月，招聘效果奇差无比。当我们重新帮助他们设计流程后，很多空缺了一年多的职位全部找到了合适人选。

第七，让面试科学化。

这个题目太大了，可以单独写成一本书，在这里我就不谈老掉牙的结构性面试了。限于篇幅，我只粗略地谈一些核心控制要点：

1. 仔细阅读候选人资料。面试官如果连候选人的资料都没有仔细看，那么，他能够准备高质量的面试问题吗？而且，一旦聪明的候选人发现这一点的话，会感到自己受到轻视，从而对这个企业产生抵触情绪。

2. 选择合适的场地。很多企业在这方面不太在意，结果出现了大问题，原则上越是高级别的候选人，面试场地越需要安静和有一定的私密性。如果你让一个高级经理的候选人在前台等上一个小时，那么还没等到面试对方就已经对职位丧失兴趣了。

3. 选择合适的面试官。绝对不能出现级别低的面试官面试级别高的候选人的情况，很多候选人会将此当作一种轻视。

4. 根据已经确定的岗位标准准备面试题目。如果我们要对候选人进行评估，那么我们必须要有合适的问题。我并不是说所有的面试问题都需要事前准备（这可能太呆板），但是我们肯定要事前准备一些问题。另外，由于不同级别岗位的标准不同，所以面试题目完全不同。例如，对销售主任，我们考核其专业能力的题目可能是：“我们现在在A市小店的单点销量大约只有300元/月，如果公司要求你在1年内达到400元/月，你将做些什么工作？”而对销售总监，继续问这个问题显然不合适。我们要问：“目前我们有5个大区经理，公司要求变为3个大区经理，你该如何完成平稳过渡？”

5. 制造友善的气氛。有些企业认为候选人是来求职的，所以认为说话可以非常不客气，这样会引起对方的反感。曾经有一位人力资源负责人很酷地问一个候选人：“你为什么到我们这里求职？”候选人很客气地说：“因为有猎头公司推荐。”但他心里对这位负责人非常不以为然，结果连参加第二轮面试的兴趣都没有。在面试的过程中，面试官有权问一些尖锐的问题，并且要进行必要的质疑。但是，必须是礼貌地发问，优雅地质疑。我们必须明白：面试官面试候选人的过程也是候选人面试企业的过程。

6. 合理发问并掌握时间。我们在前面提到了标准的制定，当制定完标准后，面试人员就需要准备面试问题了。原则上可以多设计一些开放式的问题，这样候选人发挥的余地比较大。对面试的时间也需要进行控制，防止过长或过短。

7. 仔细聆听并注重观察细节。在面试的过程中，候选人往往会将最好的一面展示出来，而且总有一些候选人试图掩盖一些缺陷，但是很多细节会将其出卖，关键是你能否注意观察。例如，如果一个声称做了5年高层管理人员的候选人紧张地在玩手指的话，你就需要质疑一下他经历的真实性了。当面试官发现细节上的问题后，可以采取突然发问的方式，人在没有准备的情况下往往会将自己最真实的一面反映出来。

8. 了解以往的业绩。以往的业绩和经验是硬性证据（Hard Evidence），这些是难于随便编造的，企业需要关心一个应聘者想做什么，但是更需要关心他曾经成功地做过什么，以及他过去的经验对目前所申请的职位帮助有多大。

9. 了解跳槽原因。偶尔跳槽是正常的，但频繁地跳槽是不正常和不能被人接受的。面试官一定要了解坐在你面前的人跳槽的真正原因是什么，这也决定了企业用什么方式来吸引这个候选人。建议企业不要雇用自我感觉怀才不遇而频繁跳槽的人。

10. 不可随意承诺。很多企业在面试过程中容易说过头话，最后不能够兑现，可能最初的想法是把人骗进来再说，但结果是后患无穷。在面试过程中，面试官代表着企业，面试官的话都会被看作企业行为而被候选人牢牢记住。而且，通过过分承诺招聘进来的员工往往会对企业产生信任危机，很难和企业同心协力。因此，面试官在面试的时候不可以进行没有授权的承诺。

11. 避免单轮面试和太多轮面试。每个人都有盲点，再专业的人也会犯错误，因此要尽可能避免一轮定胜负的情况。如果有两到三人分别面试一个候选人，这样出错的概率将低得多。另外，还需要记住的是：一个面试官面试结束以后，要及时和其他面试官交流对候选人的看法，这是规避盲点的最佳方式。但是，是不是面试官越多越好呢？当然不是，太多的面试可能造成观点太多，议而不决，招聘周期被过分拉长。所以，建议面试官不要少于2个，但不要多于4个。

从贤不从众

当企业发展到一定程度的时候，权力的分配和制约就会成为一个大问题。谁说了算？该听谁的？这个问题实际上困扰了企业界相当长的时间。由于意识形态上的原因，出于理解上的偏差，我国的企业非常容易走向两种极端：一种是过于强调民主，强调参与意识，动辄进行一些民主评议和无原则的交叉评估，结果导致谁干活谁倒霉，大家都以讨好同事、搞好关系为第一任务，最终使得人浮于事，企业效率低下。这个现象不仅在国有企业中存在，在一些上了规模的民营企业中也不少见。远的不说，广州的几个房地产企业正一步一步接近这个泥潭，我对他们的核心竞争力十分担心。另一种极端是企业没有任何民主，所有者成为至高无上的皇帝，权力过于集中在一个人或者是几个人手里，而掌权者又比较刚愎自用。这种情况下，员工的归属意识往往非常差，创造力得不到发挥，效率低下，而且企业特别容易出现大的风险。在那些曾经红极一时最后却轰然倒塌的企业中，可以被划分到这个类别的有很多。

我个人非常欣赏华为在其公司基本法中所提到的“从贤不从众”，所以我考虑再三之后，将其作为这一节的题目。如果一个公司想拥有持续性的爆发力，那么，“从贤不从众”是一个必需的条件。首先，让我们看一些大家耳熟能详的例子。

商鞅在变法的时候几乎得不到秦国贵族的支持，如果秦王从众的话，秦国是否能灭六国将是一个很大的疑问，中国的历史也可能因此而改写。

杰克·韦尔奇在最早推行他的“数一数二”战略的时候，被人们认为是极度血腥的，还送了他一个“中子弹杰克”的外号，MBA的教材甚至将他的改革作为反面案例。如果这个时候韦尔奇退却的话，他将不可能成为经理人的教父。

至于颇有争议的华为，如果不是任正非的坚持和偏执，我敢保证，即使这个公司还存在，充其量也只是一个二流的通信设备批发商。

我身边还发生过一件令人啼笑皆非的事。我们曾经为一个企业找一个部门总监，经过大约两个月的努力，这个项目接近尾声，客户和候选人都比较满意。正当我们松了一口气的时候，客户的老板提出一个要求，他希望其他几个部门总监和我们的候选人聊一下。负责这个项目的同事感到十分不解，问客户何故。对方的人力资源经理回答，老板比较民主，而且很多部门总监还是跟着老板一起创业的兄弟，老板觉得应该尊重他们的意见。当时我们觉得特别别扭，但是由于客户的一再坚持，我们还是帮他们约了时间，虽然我们的候选人对此也非常不情愿，但出于礼貌还是同意了客户的要求。结果是前后又见了3次，时间一下子拖了两个多月。最后客户的总监们展开了大讨论，大家各抒己见：有人认为这个候选人要价太高，需要考验一下；有人认为这个候选人太年轻；有人认为这个候选人的行业经验和他们不一致……老板一听觉得都有道理，很犹豫，结果又思考了将近两个月。等到他们的意见终于达成一致以后，候选人也做出了他的决定——拒绝加入这个公司。候选人的理由是：在这种环境下，我干不成

任何事情，我是来做事的，不是来参加众议院会议的。最后，我们也被迫放弃了这个客户，因为我们也不愿意浪费时间。

当一个道理被世界上大多数人所理解的时候，那么，这个道理也就失去了它原有的含金量。如果一个决策或转型要等到公司中的大多数人都能够理解并接受的时候，行动的最好时机已经基本丧失了。当然，必须要说明的是，“从贤不从众”很容易成为独裁者的借口。何为贤？本身就没有一个标准的回答，所以这个问题说来说去，企业的最高领导还是最重要的一关。毕竟，企业的最高领导可以影响和制定游戏规则。我个人的看法是：在企业的创业阶段要适当地多一些独断和集中；当企业发展到了一定规模后，为了降低系统风险要逐步推行民主，虽然这样效率可能降低一些，但风险也会低一些。

好了，让我们再来看一下如何将“从贤不从众”贯彻到底吧!

第一，设立贤的标准。我相信这是“从贤不从众”的先决条件。在企业的创业阶段，往往不存在太成型的管理团队，一般来说最贤的就是创业者本人，这个时候创业者只能要求自己的判断尽可能不出问题。在企业还是小型规模时基本上只能这么做。而对于中型和大型企业，企业需要将贤者提拔到重要的岗位，让贤者组成企业的核心管理团队并分享权力。这实际上就需要建立一套晋升体系，而晋升则需要一个考核制度。没有绩效考核意识的公司，无论在用人上还是在管理上，风险都会非常大。选贤的标准就是晋升的标准。在晋升的标准方面，企业应当将绩效考核制度当作晋升的重要依据。但是，企业不能将考核当作用人的唯一依据。否则，企业永远不可能起用“空降兵”，因为“空降兵”在这个企业中还没有进行过考核。另外，企业在用人的角度上需要考虑到人员的潜质。举个例子，如果两个销售业绩都差不多的业务人员面临一个晋升机会的话，企业肯定要考虑提升有领导潜力的那一个，但是这恰恰是业绩考核所难以做到的，也恰恰是最容易有猫腻的地方。在现实生活中，得到晋升的往往是和领导关系好的业务人员，这些人为因素都可能影响到选贤的进程。

第二，聘用“外脑”或者是“空降兵”，让你的组织中贤人的比例加大。在企业发展的过程中，当局者由于身在庐山中而不识庐山真面目，而且在知识爆炸的年代要处处成为专家也不现实。在这种情况下，适当地找一些企业外的贤者来参与决策和提供解决方案就变得十分重要。全球500强几乎都有雇用顾问公司的习惯，这样做可以得到很多更加客观的建议，而且由于顾问公司在企业内没有过多的瓜葛和利益，更能够保证中立性。而更加快捷和直接的方式就是，别自己培养什么“大贤”了，委托给猎头公司，让猎头公司帮助你引进一个“空降兵”。

第三，适当淘汰一些过气的“贤人”。企业在不同的发展阶段所用的管理层差别很大。作为职业人，如果不能与时俱进，被淘汰是早晚的事。我国的一些企业对待所谓的“老臣子”的做法相当奇怪，时常依据某人曾经有过多少功劳而决定给这个人安排一个什么样的职位，让这个外行领导其他内行。结果，要么内行彻底变成外行，要么等内行被挤走后，外行如愿以偿招来听话的新外行，这样自己就显得不那么外行了。我始终不明白，如果一个企业真的对“老臣子”有感激之情，为什么不多给他们一些物质上的奖励？为什么不出资给他们培训？就是“杯酒释兵权”也比大家同归于尽要好得多啊！古语云：“赏善而不罚恶，则乱；罚恶而不赏善，亦乱。”

我的一个朋友对自己的手下十分有感情，让过去的手下干一些他们完全不能胜任的工作。我跑去劝他，他就对我说：“毕竟这么多年的感情……”弄得我反而成了小人。结果，我朋友的公司前一段时间彻底垮了，问题就出在和他有这么多年感情的兄弟身上。

第四，优化你的组织，吸引优秀的人加入。雇用人才应以提高组织当前的整体素质为标准。我们必须要求每一个新雇员的素质都超过整个团队的平均水平，以此来提升团队的平均素质，而不是降低团队的素质。如果你雇用的人才最终能成为你的上司，你不但不应当感到羞愧，反而应当感到无比地自豪。如果一个企业希望所有员工都是精英分子，似乎太过奢求，那么，让它的核心团队组成精英分子俱乐部则是企业走向成功的必然要求。

第五，引入竞争，以胜负论英雄。没有比较，就很难说出优劣。因此，内部竞争非常重要。老鹰是自然界中最强壮的鸟，母鹰可以孵出几只小鹰，但是最终能够存活的往往只有一只，其他的则在竞争中死掉了。这样优秀的基因代代相传，老鹰愈发强壮。在我们看来这非常残酷，但是我们不得不适当地借鉴。

留住你的人才

如果一个公司丢了一台传真机，可能价格就是千八百块钱，大家肯定要找一下，严重的就直接拨打110了。但是，一个每个月给公司创造10万元利润的销售经理走了，一时还找不到替补，可能大家依旧会谈笑风生，说不定还照旧喝个二两呢。

很多企业总是不断在虚位以待地请人才，但是业务总是难于有起色。

什么原因呢？大量优秀的人才又像自来水一样流走了！这让我想起狗熊掰棒子。手中永远最多是两个，哪天一不留神这两个也丢了，企业也就完了。

谈到留才，我们必须明确一个观点，并不是每个人都值得花费高额成本去留。俗话说，只有傻瓜才会千方百计地去讨好所有的人。我们要重点关注最能影响企业发展的核心人物，对值得留的人我们要舍得投资。下面，看一下留人常用的招数:

1. 设立延期支付的奖金。说得直白一点儿就是用钱留人。每个人都试图让自己的利益最大化，如果离开让一个人受到损失，除非他可以看到被承诺的利益，否则他绝对不会离开。我和各位分享一个发生在我身边的案例。某上市公司要请一个高管，我们公司来负责这个案子，最后两个候选人进入了客户的视野。A目前在一个跨国企业，年收入大约90万元，但有一些期权和股票，估计每年能给他带来10万~50万元的利益；B来自一个一流的本土企业，目前年收入大约110万元，没有期权。客户的董事长将A当作第一人选，A却在最后一刻变得特别犹豫。很简单，他舍不得他的期权，他希望公司可以补偿他的潜在损失，一次性给50万元的补偿。但是，B的收入则是当年全部发放完毕，对他来说有20%的薪资增幅就可以了，他不需要补偿金。最后的结果是客户录用了B，这是一个我预料之中的结果。A和B的收入实际上是差不多的，甚至B的收入更高，但是A有一部分收入不能马上拿到，期权套住了他，这导致他在决定是否要离去时有更多的顾虑。而B则不同，他轻装上阵，原先的公司没有考虑延期支付的问题，对他来说只要对自己有利就行。作为潜在雇主，没有人愿意先期支付一笔不确定的钱，他们很难说服自己。可以说，A原先的公司的留才招数比B原先的公司好得多。实际上，长期奖金的方式有很多种，期权可以，现金形式也可以。

2. 待遇必须要有竞争力。现在是一个不再有秘密的时代，互联网将地球变成了一个村庄，大家都比较清楚自己的价值，而且越是聪明人越清楚。恒大老总许家印曾说过，如果当时给个10万、20万元的年薪，他可能就不创业了。当时是1997年，他的月收入是3000多元。我们可以这样看，如果当时他的待遇再好些至少他不会那么义无反顾地离开。更何况许先生的老东家对他有知遇之恩，而许先生的为人也颇有义气。为什么他还是离开了呢？因为待遇没有竞争力啊。一天少吃一顿饭容易，天天少吃一顿谁受得了啊？谈一段历史：吴三桂为什么降清？冲冠一怒为红颜？这是天大的笑话！就算老吴喜欢这个调调，手下兄弟也不肯啊！老吴总不能说，他抢老子的女人，哥儿几个把他给灭了！说到底吴三桂降清是利益问题，清朝不仅给关宁铁骑发放军饷，而且将崇祯拖欠的薪水都补发了。这在崇祯做老大的时候是想都不敢想的。而且战利品基本不用上缴，又承诺给地

盘。这才让吴三桂冒天下之大不韪当了卖国贼。明王朝连自己最精锐的部队——关宁铁骑的薪资都拖欠，被李自成消灭是历史的必然。

3. **要给予空间和权力。**在谈如何吸引人才的时候我也谈过这点。人都有独立人格，小孩子非常依赖父母，见不到妈妈就哭，但是稍微大一点儿就需要有自己的空间。职业经理更是如此，你可以监督他，但你不可以一点儿权力都不给。越要大权独揽就越要小权旁落，否则就无法实施有效的管理。我们曾经服务过一个客户，他们公司的待遇不错，但就是留不下人，当我见了他们董事长一面后就明白原因了。这位董事长是位女士，她异常勤奋，什么事情都不放心让手下做，她将周围的人都当小孩，缺乏对人的信任。在这种情况下稍微有点儿个性的人肯定不愿意在她的羽翼下工作，留不住人当然不奇怪。

4. **重视员工的职业生涯规划。**一个企业犹如一支球队，你花高价可以请到大牌球星，但是，如果这些球星以后只能同不入流的对手打比赛，也一定留不住他们。要想留住人才，不但需要充分发挥他们的作用，还要让他们有明确的奋斗目标。这就要求管理者帮助员工进行职业生涯规划，了解员工任务的完成情况、能力状况、需求、愿望，设身处地帮助员工分析现状，设定未来发展的目标，制订实施计划，使员工在为公司的发展做贡献的过程中实现个人的目标，以事业留住人才。另外，通过培训让员工增值。培训不是万能的，但没有是万万不能的。一方面，通过培训可以改变员工的工作态度，增长知识，提高技能，激发他们的创造力和潜能，提高企业运作效率和销售业绩，使企业直接受益；另一方面，培训也可以增强员工自身的素质和能力，让员工体会到企业对他们的重视，认识到培训是公司为他们提供的最好的福利，是公司给他们的最好的礼物。同时，从公司未来发展的角度看，教育和培训跟上了，人才就具有了连续性，而且凝聚力也会大大加强，他们自然也就更愿意留下了。

5. 情感攻势。事先我要说明，这只是一个配菜，不能单独起作用，在上一章提到了刘备是这方面的高手，实际上高手有很多，随便一抓就是一大把。老板和下属一起吃个饭、聊个天、开个玩笑，在对方生活上多多关心一下，都可以有不少的收获。我有一个朋友给几个骨干员工的父母发了些节日慰问金，实际上也就是一人几万元，并非常真诚地说：“多谢平时对公司工作的支持，平时工作太忙让您的子女无法尽孝。”这个效果非常好，甚至比发上百万元的年终奖效果都好。有一个员工本来要跳槽，其老父怒曰：“你这个兔崽子！你们老板我见了，真是一个厚道人。不跟这种老板你准备跟谁！”

别跳，那都是用人陷阱

成本错位

有些企业在用人方面喜欢贪小便宜，明明这个职位的薪金应该是每个月2万元，却只肯给1.5万元，职位要求还一点儿也不肯降低。结果是要么长时间找不到人，要么找到的人不能胜任。节约成本是对的，但必须要有章法，而且要合理。比如，有一款劳力士手表正常价格是5万元，而如果你一定要用1万元的价格购买，那么，你就只能买到假货了，俗称“超A货”。另一个常见错误则是有些职位的薪酬给得太随意，高得没有价值。我们需要让关键岗位的薪金诱人，因为这些岗位决定了组织的竞争力。至于那些可以快速招聘和培训的职位，坦率地说，保持适当的竞争力就行了。

总有一些客户让人郁闷，我们曾经服务的一个客户ME现在已经没有合作了，当时的合作应该说是不太开心的。这家公司是美资企业，但是风格上很香港化，几乎一半以上的管理层都是香港人，可能是我见过的本地化水平最差的公司了。我们在给他们做单子的时候总感觉特别费劲，有一种透不过气的感觉。

ME这个客户属于你刚合作时感觉很好的客户，他们给人感觉很职业化，给猎头公司的职位描述也十分清晰，你一下子几乎挑不出任何毛病。但是，有经验的猎头顾问一看就知道这家公司的钱非常难赚。这个公司的每个职位对年资要求都很挑剔，但是薪金并不高。他们曾委托我们招聘一个工程经理，按理说这是一个常规性的职位，几乎每一个负责任的猎头顾问都能够完成。但是，我发现这个职位的招聘居然6个月没有完成。我感到很奇怪，找我们负责这个项目的顾问麦琪询问了一下。麦琪给了我一份这个项目的搜寻报告。我看了以后发现麦琪已经联系了近100名候选人，并已经推荐了6人，活儿做到这个份儿上还没能结束实在是让人匪夷所思。麦琪说："ME对候选人要求非常严，要求一定要具备同一职位三年以上经验。有一个候选人在这个岗位上干了两年，其他一切条件都符合，但是ME连面试都不想面试。"我说："按照客户的要求去做，搜寻超过三年工作经验的候选人给客户吧。"

麦琪回答："这种类型的候选人我也推荐了3个，有一个面试后完全不考虑ME。ME觉得另一个候选人粤语不好难以沟通，他们希望录用第三个人，薪资却谈不拢。"我说："为什么？"麦琪回答："候选人现在的薪资是2万元一个月，他们却希望给1.9万元一个月，而且又没有晋升，所以根本没法谈。"我说："你为什么不争取？"麦琪苦笑着说："争取了。本来他们准备给1.8万元，谈了两次只加了1000元。候选人还是不能接受，这1000元还不是和没加一样？”我看了一下候选人的简历，重点大学毕业，超过10年跨国企业工作经验。给这个薪资的确没有什么吸引力。我说：“还有候选人吗？”麦琪说：“还有一个叫董卓的候选人，不过我感觉有些不对劲，他目前处于失业状态，他们过去同事对他的评价也比较差，说他很难和人打交道，我正在考虑是否要推荐。实在是没有合适的人可推荐了！不过，我将董卓的情况和客户讲了以后，客户希望见一下，你说我该怎么办？”我考虑了一下，说：“既然客户希望面试，我们就推荐吧！不过要和客户说明一下情况。”就这样，我们又推荐了一个人。

过了大约两个星期，麦琪高兴地跑来跟我说：“大卫，ME给董卓发聘书了。看来天无绝人之路啊！我都不清楚为什么董卓要接受这个工作。从过去月薪2.3万元降到1.7万元，这他都接受，看来失业真的能让人务实啊！”看到麦琪高兴的样子，我不好意思扫她的兴，毕竟前段时间在ME身上花了那么多精力还是颗粒无收，麦琪承受了很大压力。我说了几句鼓励的话，告诉她一定要跟进这个案子，毕竟一下子降薪这么多谁都不可能太爽……

又过了大约两个月，麦琪沮丧地告诉我董卓马上要离职了。我感觉她的心情极其沮丧，再进行什么劝导也没有意义了。我直接拨通了董卓的电

话，开门见山地做了自我介绍，想知道是否有挽回的余地。董卓说话倒是非常直白，他首先为离职表示抱歉，但是说不会考虑留下。董卓直言，给他这点儿钱让他不爽，他压根儿就没准备在这里长期待下去，所以一直没有停止找工作。我问："那你前段时间怎么出去面试的啊？"董卓干笑了两声，说："实不相瞒，他们假装给钱，我就假装干活。他们以为我是驴子，只知道推磨。不过，驴子也需要给足草料吧？这他们都给不足，所以这段时间我一直编理由出去面试。在这个公司里，香港人不会让我们升起来的，我怎么能给他们卖命？我现在找到一份月薪2.5万元的工作，他们才给我1.7万元，一个月相差8000元，一年12个月，少赚了将近10万元。实话告诉你，我来他们这里是将计就计！"话说到这个份儿上，我觉得再说下去都多余了。董卓这个人心计很深，准备跳槽不是一天两天了，而且他就看钱，ME只给这点儿钱，几乎成了敌我矛盾，如何化解？

为了表示对客户的歉意，我和麦琪拜访了ME的人力资源总监戴安娜，她是一位优雅的香港女士。戴安娜对我们很客气，但是她反复抱怨内地管理层职业素养低，这话很刺耳，毕竟我和麦琪都是内地人。我礼貌地提醒道："董卓只能代表他自己，不能代表内地管理层。另外，我们实际上并不是找不到合适的人，但是在薪金上ME和候选人的期望有差距，而在要求上ME并没有降低，董卓实际上根本不是我们推荐的第一人选……”戴安娜的回答非常官方化，她说：“我们希望找一些愿意和我们长期一起发展的人才，不能只看重钱，要看得长远。薪资方面我们有自己的标准，不能轻易打破。至于任职资格，我们是一家国际公司，我们不会放宽要求。如果达不到，我们宁可请外籍人士。”我小心地问：“如果请外籍人士，不是意味着花费更多？为什么不能检讨一下薪资政策，让内地员工的薪资更有竞争力呢？”戴安娜回答：“目前没有这个打算，我们是国际公司，一切要按照公司政策来。”说到这里，我的确无话可说了，礼貌地道别以后，我们决定退出和ME的合作。根据合同，我们需退还ME50%的佣金，但我们宁愿退佣金也不愿意打一场注定要输的仗。

10个月后，经过几轮折腾，ME从香港调人填补了空缺的职位。

让我们重新审视一下企业的成本错位问题，我有以下几个心得：

1. 最大的浪费是成本结构不合理。如果一个职位的薪资从2万元提高到2.1万元，大家都知道成本上升了，而降低到1.9万元似乎节约了1000元，但这是表象！很多企业千方百计地节省这些表面成本。实际上，这种所谓的节省往往要出问题，而且对节省企业的整体人力资源成本帮助并不大。企业更应该关注的是成本结构，例如，我是不是需要8个总监，7个可以吗？我是不是需要在这个职位上设立一个经理，主管可以吗？

我是不是需要在这个职位请外籍人士，本土人士可以吗？这往往可以节约更多的成本。

2．企业要追求合理的人力资源成本。人力资源成本不是越低越好，但也不能高到没有竞争力。低成本往往容易产生低质量，低质量会导致公司整体上缺乏竞争力。而不恰当的高薪、高福利的坏处我就不多说了，看一下通用汽车的故事就行了。ME总希望用一分钱干两分钱的事情，不招聘到董卓那样的人才叫奇怪了。如果企业压低一个员工10%的薪资可以说是磨炼员工，那么压低20%基本可以称之为诈骗了。

3．不恰当地“节省”将大大提高用人风险。很多企业非常爱“压价”，这种做法看上去似乎很高明，实际上却隐藏了大量隐患。以ME为例，如果不过度“压价”，他们根本就不需要请董卓这种人。员工在对薪金非常不满的情况下不但工作质量会大打折扣，而且会在潜意识里时刻看着其他的机会。天时、地利、人和。人不和，万事皆去，纵有天时、地利又有何用？

轻信“怀才不遇”

对怀才不遇者，可以适当地同情，但不要轻易提拔或破格录用，要首先质疑“他为什么会怀才不遇”。如果前几任上司都无法修正他的缺点，凭什么你可以帮他改正？不要高估自己改变人的能力。人最难改变的就是个性，但偏偏所有的“怀才不遇”都和个性有关。有些人的个性问题说得严重一点儿可以被称为“心理癌症”。

我们曾经接过一个执行副总的单子。有一个候选人杨修各方面条件都非常好，名校毕业，有海外背景，做过上市公司的高管，但是他在前5年更换过4家公司。此人非常会处理人际关系，我的同事和他一接触就非常喜欢他，而且他为每一次离职都说出了一个非常令人信服的理由。从客观角度来看，我们推荐的其他两位候选人硬性条件都比杨修合适，但是客户的董事长一见到杨修就非常喜欢，决定马上录用。待遇基本上是杨修怎么提，客户怎么给。

杨修上班以后，客户发现这个人有些让人琢磨不透，会议上谈得非常

好，但过一段时间就没有了下文，很多话听起来有水平但意义不大。诸如“我们要谨慎地进取”之类的。下属对他的感觉也非常糟糕，有人反映此人说得多，做得少；有功劳全部归自己，有责任就退缩到一边。一开始有人向董事长投诉董事长还不信，觉得这些人不支持新领导的工作，慢慢地这种声音一多，董事长就有点儿心里打鼓，于是他主动和杨修交流了一下。杨修立刻表现出自己比驴子累、比岳飞忠的架势，表示自己一心为公司做事反倒被人误解和被小人中伤。董事长听完以后也觉得有道理，就表示一定支持杨修的工作。

但是，过了一段时间后似乎问题依旧存在，而且变得更加严重了。在进入公司两个月以后的一次见客户的过程中，杨修还是只能谈一些空洞的话，对自己的企业一无所知。客户一旦问起具体事务，他基本上要么回答不出，要么就让下属回答。客户感到不解和没有信心，而杨修却故作姿态地对下属说与此类客户不合作也罢。这点让手下很郁闷，而且大家对他的工作能力也充满怀疑。杨修每次参加高管会议的时候，在董事长面前都显示出了应当表现出来的一切素质和技能，不过他主抓的项目却永远没有起色，而且他总是将所有的责任都巧妙地推给同事和下属。董事长觉得非常困惑，由于人是我们公司推荐的，而我和董事长又是多年的朋友，很自然董事长就找到了我。

董事长将问题大概和我说了一下，直觉告诉我杨修肯定有问题。不过，我决定先和杨修聊一下。我给杨修打了一个电话，询问是否方便一起聊聊，杨修爽快地答应了。这是我们首次见面，杨修非常有礼貌，我提前10分钟到，但是我发现他早已经到了，从他要的冰水杯子壁渗出的水珠判断，他应该比我提前了5分钟。

可能是啤酒容易让人丧失戒备，也可能是我天生容易获得别人的信任，我觉得杨修基本上对我比较坦诚。杨修谈起了他过去的老板，一个江湖上非常有名的人，但杨修对他的评价很低。再谈他的前几任老板，杨修对他们的评价都不高。我能感觉得出来此君属于典型的自我感觉良好的怀才不遇者，总感觉别人水平不行，做人不行，配合不行。他太喜欢推卸责任了，有一种非常严重的怀才不遇的倾向。我几乎做了一个长时间的倾听者，听杨修倒了一通苦水，我插了一句："你觉得现在的公司怎样？"杨修看了我3秒钟，说："原来以为这次你们能帮我脱离苦海，没想到这是一个无底苦海。"我问："此话怎讲？"杨修回答："首先，我觉得这个公司的资金实力不行，一个项目也不想投入，净是想利润和产出；其次，我觉得老板多疑，既然让我来搞就要信任我，很多人该炒就得炒！有些'瘀血'该挤出来就要挤，不要觉得可惜。否则，我的权威怎么树立？"我暗暗苦笑，心想如果一个公司不想利润就投入，那这个公司就是慈善组织了。如果为了让你有权威而将所有人都炒掉，你的权威树立

了，公司的墓碑怕是也树立了。讲到这里，我觉得再和杨修谈工作已经没有意义了，他的问题属于深层价值观的问题，不是几句话可以劝得了的，既然这样不如谈点儿别的。我们继续喝酒，应当说，杨修是个不错的酒友，幽默而且懂酒，我想他可能更适合做一个学者或者幕僚，但是……

第二天，我和客户的董事长见面，谈了我的意见，不建议让杨修通过试用期，我们可以免费帮助客户再推荐一个新人。看得出，董事长有点儿舍不得，他觉得杨修是有才的人，他问我："王总，你觉得杨修的问题我们和他说一下，或者你来帮我们培训一下，能不能改过来？"我问董事长："您觉得您和×××（杨修的前任老板）相比怎么样？"董事长说："目前还不能比。"我说："×××都搞不定的人你觉得你能搞定吗？还有，你能改变一个超过40岁的人的工作和思维习惯吗？如果此才不能为你所用，你要此人何用？"

最后的结果是杨修离开了这家公司，我们将不再推荐他，但是我祝他一帆风顺。

让我们来分享一下大家对"怀才不遇"的看法吧！

1. 尽量慎用“怀才不遇”的人，如果要破格给机会的话，尽可能知道原因。可能每个人都多少有点儿怀才不遇的情结，但是这种情结绝对不能过分。人可能会短时间怀才不遇，但是长时间怀才不遇则要考虑清楚自己“怀”的是才还是“肿瘤”了。管理实际上就是一种对概率的管理，万事皆有可能，管理就是总结和分析哪种可能性更大。一个人将来的行为就是过去的行为的延续，能够做出显著调整的人少之又少。作为领导者，一定要了解下属过去的业绩和行为方式，不要过度相信“拍胸膛”和“画饼”。

2. 倾听别人的意见，但是要自己下判断。作为领导者，总是有人在你耳边说不同的意见，有些是善意的，有些是别有用心的，有些则是善意但观点错误的。作为领导者，需要必要的倾听，但是在决策的时候要能适当忘掉其他人的话。咨询公司永远会给企业制订很多方案，猎头公司总是推荐很多真真假假的人才，但请一定注意，他们都不能完全为结果埋单，真正能埋单的还是企业自己，任何其他人和机构的话只是建议而已!

3. 要分清楚感冒和癌症之间的区别。任何人都有缺点，但是缺点的等级是不同的，有些属于瑕疵，根本无伤大雅，不影响使用甚至不影响重用；有些则属于致命性缺陷，属于避之不及的。说得通俗一点儿，人都会生病，但感冒只需吃点儿感冒药就会好，即使不治疗，一个星期后也能基本康复；癌症则是不治就出人命，而且治疗难度大，成功率低，好了还容易复发。该案例中提到的杨修属于喜欢纸上谈兵的人，习惯找别人的问题，总是推卸自己该承担的责任，这种性格将造成团队不和谐而且组织内部之间很难有信任感。这对高管来说属于大忌，我们基本上可以将这种缺点说成是癌症。

4．尽早纠正错误，里子比面子重要。如果希望用人不犯错误那么只能不用人，不同公司选才的失误率有所不同，但是保守估计超过30%是肯定的，所以不要因为有错误就耿耿于怀。人没有不生病的，关键在于病需要多长时间治愈。实际上，大多数领导人不是不能判断是否用人出现了失误，而是缺乏纠正错误的勇气和决心。例如，上述案例中的董事长也能感觉出杨修的不妥，但是，自己请的人又要自己亲自将他请走，很多人过不了自己这一关。我的一个朋友曾经问我，将自己提拔上来的人撤职，这不等于自己打自己一记耳光吗？我当时告诉他，一记耳光的确让人没有面子，但此人不撤下来势必有十记耳光等着咱们，一记比十记如何？耳光还勉强扛得住，这要是给个降龙十八掌就比较难顶了。人要纠正错误就不要怕伤面子，面子的问题属于皮外伤，擦点儿药水就行。而一旦伤了里子就属于内伤了，就更加不好办了！

用人不疑，疑人不用

这是否定管理制度的最好理由，一句“用人不疑，疑人不用”不知道害死了多少中国企业。如果一个企业家真的将“用人不疑，疑人不用”当作用人理念的话，那么，这个企业距离死亡就只有一步之遥了！我们分两个方面阐述这个问题。第一个方面是监督机制。用人就必须有监督机制，任何人都不能例外，绝对权力产生绝对腐败。只有在有监督的情况下系统才能长期稳定。用人要疑实际上是对员工的爱护，可以防止员工犯大错误。第二个方面是完美的陷阱。企业不能要求员工完美，因为是人就有缺陷。企业就是要用有缺陷的员工（只要不是致命的缺陷），否则企业将面临无人可用的局面，而企业家也将活活累死。所以疑人也还是要用，关键是有效地限制其短处，最大限度地发挥其长处。

我在写这个案例前给案例中的主角打了个电话，我说：“晁盖兄，我要将你们的情况写成案例了，有没有问题？”晁盖想了一会儿，说：“只要不提我们公司和我本人的名字，不要涉及具体的人，想写就写吧！关键是对你有帮助就行。”大家能看得出，梁山泊公司的董事长晁

盖是一个非常仗义的人，可能就是他的性格造就了他的成功。但是，缺点恰恰是优点不恰当的延伸，他的仗义和粗线条式管理差点儿给他带来大麻烦……

晁盖的口头语是“用人不疑，疑人不用”。很多人只是说一说，晁盖却是真的信这话，他几乎将自己当作江湖大哥。在他的公司，要么没有制度，要么制度有和没有一样。而且，晁大哥从来不炒人，在梁山泊你只要别犯什么伤天害理的错误，或者犯了伤天害理的错误没有被晁盖当场抓住，那么你基本不用担心自己的饭碗。如果你碰巧能喝一斤白酒或者可以不时地表一下忠心，那么你在这家公司里面基本上可以有不错的晋升机会。

一个偶然的机会，我认识了晁盖董事长，交往一段时间后，我感觉晁盖是一个不错的朋友，而且也是一个不错的专业人士。他为人豪爽，对朋友仗义，专业技术水平很高，百忙之中居然可以不时地亲自参与一些核心技术的研发，而且还能获得专利。他和客户的关系也很好，中国的、外国的客户基本都买他的账，而且他对营销的认识也很深。但是，有一点让我感到很困惑，为什么晁盖他们公司的利润低于行业平均水平呢？老板的战斗力很大程度上影响了企业的战斗力，老板很强企业不可能很弱啊！我们很快就在业务上有了合作。当我们开始合作时我马上发现了梁山泊的问题，这个公司除了晁盖在努力工作，其他人做事都不紧不慢，他们做事似乎都是为了表演给晁盖看的。一研究他们的组织架构我更是倍感惊奇，他们公司里面的闲职特别多，副总经理总共有11个，有4个基本上没有什么存在的必要，这些都是晁盖创业时候结交的老兄弟。晁盖的意思是反正公司还有钱，就养着这些人，说不定哪天有新的岗位需要用人。而且他觉得这些人都做出过贡献，如果这么让人走了似乎不那么仗义。

但是，这仅仅是晁盖的想法，这些闲着的副总并不怎么领情，他们觉得当年和晁总一起打天下，现在却落了个没什么事情可干的下场。所以，虽然这些人在晁盖面前毕恭毕敬，但暗地里没少给晁盖拆台，当然这些事晁盖基本上被蒙在鼓里。我们最初的合作就是帮助梁山泊找一个制造总监，当我们历尽千辛万苦说服了一个候选人林冲入职后，林冲发现自己进入了一片沼泽地。两个月后林冲决定辞职，出于礼貌，林冲先给负责这个单子的我的同事来了一个电话，同事感到事情比较棘手就告诉了我，我决定和林冲恳谈一次，这次谈话我基本上使出了浑身解术。在和林冲见面寒暄了10分钟后，我直接进入了正题。我说：“林总，听说您想离开，我不想阻止您的决定，但可以让我知道一下原因吗？或许我能帮上您。”林冲也算爽快，直截了当地说：“王总，我对您、对你们的顾问，以及晁总的印象都很好，但是，这个环境我的确有些受不了。我工作不是一天两天了，各种企业都待过。办公室政治斗争也见多了，但梁山泊这个企业还是让我开了眼界，心里十分不爽。”我说：“怎么，林总，和晁总沟通有问题吗？我感觉晁总很信任你啊！不方便的话我可以代为转达一下。”

林冲喝了一口咖啡，有些愤愤不平地说：“问题不是和晁总沟通有问题，而是我总不能天天只和晁总沟通吧！晁总是用人不疑，下面的很多人完全不干活，不干活也罢了，很多人天天搬弄是非。老晁可能上辈子欠他们的，我可不欠他们的。还有，在这种情况下我觉得绩效奖金应该是一分钱也拿不到了。王总，我总不能当雷锋吧！”

实际上，梁山泊的问题我不是完全不清楚，而且我们对林冲这个人也算了解，基本上林冲所说的都是实情，不过我能做的也就是尽量挽回了。我说：“林总，企业没有完美的，我也清楚晁总的为人，我相信他也在慢慢改进，您看这么办怎样，绩效工资的事情我来和晁总提，工作的问题您和晁总慢慢沟通。我觉得晁总有两点还是非常可贵的：第一，他的确想做事；第二，他人品不错。您说呢？而且，您入职两个月就离开，这对您也是不利的。”

林冲听了我的话，迟疑了一下，我能看出他在挣扎，毕竟他也不想自己的简历太难看，而且看得出他并不想得罪我：“王总，如果绩效工资方面能够提高，我可以考虑。但是，我和您直说吧，我最多看一年，一年后没有起色我还是会考虑退出的。而且，我要履行总监的职责，像行政这些事情我必须管，我觉得公司在生产工人工资管理上有大问题，这必须让我来管，否则我这个制造总监没法干。”

和林冲谈完，我马上和晁盖通了电话，我比较委婉地谈了一下林冲的顾虑，晁盖是爽快人，他当即表示第一年不管如何都让林冲拿到全额绩效工资，但他认为林冲对公司的顾虑有些小题大做，而且还没有完全融入他们的“文化”，不过晁盖还是决定放权让林冲试一下。

由于林冲没了包袱，再加上他的推进能力本身就很强，他顶住了种种压力终于上了一套人事管理系统，而且将所有的岗位重新定编定岗。这样一来，一件谁也意想不到的事情发生了，每个月公司的支出仅直接工资部分就减少了15万元，很多过去的加班费都是子虚乌有，完全被一帮“蛀虫”私分了，这大大出乎晁盖的想象。晁盖在事后总结：“做了这么多年企业，以为一切都看透了，但还是受教了！有几件事情过去没想到：第一，没想到人可以如此无耻，一方面表忠心，一方面搞你的钱。过去总不理解为什么外来的经理人流失这么快，而很多人赶都赶不走，原来他们背着我来搞黑钱。第二，没想到系统如此重要，制度也如此重要，一个小小的变革可以堵住这么大的漏洞，企业的这种漏洞还不知道有多少。第三，没想到

‘用人不疑’这句话这么害人，好端端的人成了罪犯。我不怨那些捞钱的人，我怨自己给了他们这个机会，是我害了他们。”

让我们一起来分析一下这个案例:

1. 公司不是社团，必须先有制度再有义气。领导可以适当地讲人情，毕竟大家都有感情，但是如果没有一个标准的话，最终肯定是劣币驱逐良币。因为劣币更加无耻，更加没有底线。在不加干涉的情况下，小人很容易战胜君子。

2. 当一个人反复表忠心时，通常意味着他想掩饰什么。如果一个人总是和你谈感情往往意味着他准备利用你的感情。君子坦荡荡，所有做的事情都见得光，所以不怕合理的制度，而小人则希望能浑水摸鱼。

3. 不淘汰差的人，优秀的人就要流失。小人当道，君子避之唯恐不及。为什么要淘汰差的人？首先，差的人往往是最能搬弄是非的人，否则他们无法生存，这将浪费管理者大量的精力；其次，这是一个“木桶效应”，一环不行，其他的环节往往就会受到影响，企业效益就要打折扣。打个比方，如果把鱼翅用一个廉价的塑料碗盛着，你说能卖到合适的价格吗？

事必躬亲

这和上一种观念截然相反，这种企业领导往往只相信自己，事事插手。但是，一个人的精力又有多少呢？诸葛亮事必躬亲落了个出师未捷身先死，谁又能比诸葛亮高明呢？由于事必躬亲，新人难以成长，能人不愿留下。结果，要么是蜀中无大将，廖化作先锋；要么是干脆无人可用，最后不得不继续事必躬亲，这样就形成了一个悲剧性的恶性循环。

看完本土企业的案例，让我们再看一下跨国企业的案例，有些错误还真不是咱们中国人所独有的。忽悠没有国界，错误更没有国界。

LD公司是一家经营非常成功的公司，这家公司的核心产品的市场占有率在世界上都是数一数二的。在LD公司刚刚进入中国的时候，OF等公司都如临大敌，但最后发现这家公司经营得实在不怎么样，也就基本上不放在眼里了。

我们作为这家公司的人力资源服务供应商和他们有过多次合作，我可以负责任地说，这家公司领导事必躬亲的风格的确有些过头了。我将尽可能不加感情色彩地进行一些事实性的陈述。

这家公司的高管由于过去都是从香港过来的，他们的整体风格十分香港化。但是，作为消费品公司来讲，在香港的运作模式和在内地的运作模式有很大区别。香港的渠道特点非常清晰和简单，属于典型的城市市场，实际上就是做几个重点客户，不超过5个客户就占了70%以上的销量。但是，内地市场不同，渠道非常复杂，区域又大，单店产出和单人产出都无法和香港相比，因此不可避免地需要一定的人海战术。事必躬亲的模式在香港还可以勉强适应，在内地几乎就是找死了。

LD的总经理海伦是一个做事细致的人，她需要知道所有事情的细节，每招聘一个职员级别的员工都必须要她来过目，而临时工的编制增加都需要她来批准。这样就产生了一个问题，海伦忙得几乎晕头转向，工作效率很低。而管理层，尤其是内地的管理层十分不爽。我们曾经做过LD公司不下20个位置，我举一个比较典型的例子。

我们曾经给LD找一个重点客户经理，这个职位在组织架构中属于中层经理，负责向大区经理汇报，隔级向销售总监汇报。这个职位我们前后推荐了大约5人，接触了不下50人，基本上能找的人也都找得差不多了。

当面试开始以后，我们发现这几乎是一个马拉松式的进程，招聘经理要面试，人力资源总监也要面试，大区经理要面试，销售总监也要面试，最后海伦还要面试。而且比较有趣的是，大家都不表态，也不筛选，可能大家都习惯了不做决定。有3个候选人由于无法忍受如此漫长的面试“征程”决定退出，其中包括一个我们认为最合适的候选人。由于我们准备得比较充分，还是有两个候选人见到了海伦。根据负责这个单子的同事的描述，海伦的面试比所有人的都仔细，她的面试通常可以持续两个小时。由于海伦特别繁忙，等待一个面试往往要花费一个月的时间，所以我们时常要协调完候选人的时间又协调她的时间，有时等一个面试可以将大家的热情耗尽。实际上，正常的面试流程完全不需要这么烦琐，人力资源部门只要有一个人参与面试，然后给出人选即可。大区经理作为直接上司，在面试后推荐给自己的上司销售总监，面试总共只要3个人就行。但是，由于海伦做事无比仔细，人力资源总监不敢不参与面试，销售总监又做不了决定，结果成了“过五关”的面试。而且，由于大家都觉得自己不是决策者，所以给出的意见都模棱两可，最后的决定还是要海伦做。这样又形成了一个恶性循环，海伦觉得别人的意见水平都挺低，自己必须身先士卒，导致她在细枝末节的问题上根本脱不开身。

经过6个月的折腾，这个职位的人选终于定了下来。虽然我们负责这个项目的同事觉得苦不堪言，但毕竟了结了一桩心事。我作为旁观者是非

常清楚的，这个职位前后空缺了将近4个月，公司至少要损失超过500万元的生意额，他们的毛利率大约为50%，等于扔了大约250万元的毛利并影响了不少于100万元的纯利！我不知道LD算过这个账没有，我10年前担任过类似的职位，这个账我是算得很清楚的。

我们推荐的候选人杰夫工作了大约一年，他决定辞职了。我们负责这个项目的顾问询问杰夫，杰夫是这么说的，他最不能接受LD的地方是工作效率问题，连招聘一个促销员都需要向大区经理申请，大区经理再向总监申请。由于海伦抓问题很细，手伸得也长，销售总监没有什么策略可以定，只能管理一些更琐碎的事情，但是这样基层经理就一点儿权力也没有了。这样一来，产生了两个结果：第一，员工心情压抑；第二，在和竞争对手的搏斗中屡屡处于下风，很多好的想法提出来也是白提，时间久了谁也不提了。杰夫最后说道，这里只能作为一个中转站，干一天算一天，只要有海伦在，整个氛围就变不了。氛围变不了，谁也不可能做好。

虽然我的同事觉得杰夫说话尖刻，但是杰夫的话还是非常有道理的。平心而论，在有选择的情况下谁愿意在这样的环境下工作？在这种效率和氛围下，每个人都很累，都在假装干活，实际上惊人的浪费每天都在发生……

让我们来审视一下事必躬亲的问题，看一下该如何应对:

1. **一定要抓大放小。**有人说“管理无小事”，我认为这话基本上就是哗众取宠。我们必须要清楚不同类型的事情、不同级别的事情对公司的重要程度是完全不同的。就像一部汽车的收音机坏了你可以继续开，发动机坏了则不能开了，而刹车坏了则要出人命。西瓜和芝麻一起捡的结果就是丢了一地西瓜。所以，领导必须先抓大事。

2. **要容忍别人的小错误，甚至要视而不见。**很多管理者的个人能力很强，手下的确比不上，毕竟人肯定是有素质上的差距的。但是，这并不意味着一个人可以包打天下。如果不用一种宽容的态度来看待这个问题，领导将累死，员工将闲死或者在假装干活。案例中海伦的个人能力是非常突出的，手下的确比不上，但是如果因此剥夺了别人“工作”的权利，她一天工作24个小时也无济于事。因此，对一些人的瑕疵要适当容忍。

3. **要抓权也要放权。**在管理位置上待太久了往往让人有一种不可一日无权的心态。我们先不评价这种心态的对错，从逻辑上来说，如果想控制整个系统必须要控制整个系统的要点，通过控制要点来控制系统的其他组成部分。所以，要抓权必须放权，要拥有更多的权力必须适当地分享权

力。当一个人没有权力的时候，他不会对自己的决策和建议负责任。当不能放权的时候，管理者反而最容易对局面失去控制。

4．放弃最无能的手下。最好的下属能帮助你和组织解决问题，他们往往超出你的期望值，给你带来惊喜。最差的手下则是在制造问题，他们能制造你做梦都没有想到的麻烦和问题，有些人在捅了娄子后会恰当地装可怜、表忠心并开空头支票。上帝是公平的，他总要给人一点儿赖以生存的技能，不能做事的人往往有其他方面的技能。拿LD为例，海伦的销售总监的工作能力实在很差，他无论是对销售的理解还是对团队的把握都有问题，而且缺乏全局意识。这位总监最大的优势似乎就是听海伦的话，任何问题都向领导汇报，给人感觉态度很好，很积极。但是，他实际上是问题的制造者，而且降低了管理效率。如果海伦不放弃这个人，就只能在两个必死的方案中做选择：要么，自己亲自处理，结果效率低，而且人为地给自己增加了工作量；要么，授权给这位总监，结果由于此人的能力差将业务搞砸。我相信海伦是一个聪明人，如果这个道理大家都能看到她不可能视而不见。关键的问题是领导人不要自我麻痹，不能考虑太多过去的感情，不管一个人过去做过什么，领导人首先要考虑的还是他是否胜任和适合现在的职位。

错位使用

有些企业喜欢用牛刀杀鸡，有些企业愿意不惜成本引进人才，然后让人才长期做一些比较低级的事，但是照旧给高薪。这些企业的想法是：我给了你钱，等于买了你的时间，你反正给我待着就行了。这个做法可能引起三个问题：第一，牛刀不愿意杀鸡，他认为这是浪费他的时间，有机会就撤退；第二，用牛刀杀鸡的效果并不好，还不如用杀鸡刀；第三，成本太高，让企业丧失竞争力。别人杀一只鸡的成本是1元钱，你杀一只鸡的成本是10元钱，就算把鸡杀了又有何用？还有些企业喜欢用鸡刀杀牛，人的能力不可能无限制上升，目前过多的关于励志方面的书籍给了人们大量的错误信息。给员工一些挑战和压力是正确的，但是绝对不能揠苗助长。揠苗助长不是对员工的爱护，而是对员工的摧残。我们可以让员工挑战超过他能力10%的事情，但不能让他做超过他能力100%的事情。还有些企业喜欢用人之所短，一个天才的研发工程师可能是最低能的经理，一个最好的销售员可能是最差劲的经理，而一个差劲的老板可能是一个不错的经理……人不可能擅长做所有的事，也不可能不擅长做所有的事。作为企业，关键是不能错位使用，将刀子当锤子用，这样保证玩儿完。因此，企业一定要将正

确的人安排在正确的位置上。

曾经有一个案例发生在我的身边，我把它当故事来讲一下。

曹真的勤奋是出了名的，他在1995年抓住一个偶然的机会进入跨国企业FD。本来英语很差的曹真凭着勤奋在一年内练出了一口标准而且流利的英语，让老外和同事们都特别佩服，更令上司感动的是曹真做事十分勤奋，有时会熬通宵搞定交代的工作。曹真的勤奋终于有了回报，到了1998年他已经成为公司里为数不多的华人管理人员了。1999年上半年，他已经是销售部直接向总经理汇报的“三驾马车”之一，由于他的英语比其他两人好，曹真隐隐领先于其他两位销售经理。

但是，曹真办事琐碎又喜欢加班，许多本能够按时完成的工作总是拖拉。这样就产生了一个问题，曹真的工作虽然很辛苦，但是他领导的团队的效率并不高。更麻烦的是，曹真的手下难于留下聪明人。实际上，虽然曹真的努力全公司有目共睹，但是大家都能感觉到他已经非常吃力了，他天生没有什么战略观念，对数据也特别不敏感。如果不考虑语言方面的优势，在向总经理汇报的三个销售经理中曹真肯定是最差的。

过了一段时间，FD公司调整组织架构，高层认为总经理乔治总是兼任销售总监有些不太符合规矩，因此希望从其他区域调一个总监过来，乔治不希望这种事情发生，他认为这可能会使自己的位置不稳，但是他又不能表示反对，毕竟他也害怕被扣上“山头主义”的帽子。由于销售总监必须英语好，所以他就向总部推荐了曹真。实际上他自己也清楚，曹真做总监肯定有些不称职，但是他觉得无非自己多指导一下罢了。

总部对乔治的推荐觉得很难驳回，毕竟曹真工作勤奋大家都清楚，在公司里面又工作了这么长时间，直接上司又是好话说尽。经过乔治几个月的斡旋，曹真终于成了销售总监。不过，这个任命迅速在FD公司产生了震荡，另外两个销售经理魏延和黄忠非常不服，魏延觉得论水平曹真明显不如自己，过去之所以业绩不相上下完全是乔治偏心造成的，这人怎么成了自己的上司了？黄忠也很气愤，黄忠认为自己的资历比曹真深得多，水平也不差，怎么还要向他汇报工作？但是，魏延和黄忠都属于心机很深的人，表面上都表示曹真当总监是众望所归，弄得曹真很是愉悦，实际上两人都在找退路。

几个月后，魏延和黄忠都提交了辞职信，魏延直接去了竞争对手那边，黄忠似乎比较厚道，自己去开公司做经销商了。由于曹真对这件事情完全没有准备措施，FD的业绩立刻出现了问题。这时候，曹真的缺点暴露无遗，他缺乏数字概念，对管理一个大的团队几乎束手无策。他虽然每天工作到深夜，但事情还是堆积如山。更糟糕的问题在于魏延原先的团队拿曹真和魏延一比，觉得曹真完全不靠谱，再加上魏延有针对性地挖人，短时间内人员流失了三分之一。而黄忠的团队则愿意和原先的老大一起创业，因此也走了一批。曹真在压力下昏招连连，FD的业绩下滑了接近40%。在升任总监后的一年内曹真被迫辞职，FD的销售部门结构全部推倒重建。

还有一个案例。PI是全球知名跨国公司，PI曾经招聘过一批见习经理（Management Trainee），当时PI是按照行业标杆企业标准在全国名牌大学招聘，招聘非常成功。PI希望这些人能成为未来中国区的骨干力量。这些见习经理在入职一年内表现出了十分好的职业潜质和工作能力，但是由于这个项目的负责人在公司内部斗争中失势，公司策略发生明显改变，而且由于PI在中国的发展遇到阻碍，新的负责人希望这些见习经理“从底层做起”，不要期望晋升太快。在这个政策推行6个月内这批见习经理纷纷辞职，大家都不愿意接受这种所谓的“从底层做起”，最后40多人仅剩两人……

10年后，这批人成为各个公司的总监和总经理，其中包括PI公司的直接竞争对手……

看完了错位使用的案例，我和大家分享一下心得:

1. 不要将人放在他不能胜任的位置上。曹真是一个非常勤奋的基层管理人员，他的勤奋对基层管理有很大的帮助。但是，他不具备高层管理所应有的逻辑推导能力、统筹能力以及人格魅力。他的素质模型完全不适合做高管，领导者不能从他过去工作辛苦或者一些办公室政治的方面考虑将其放在不恰当的位置。爱护他就不要揠苗助长。

2. 没有最好，只有最适合。用牛刀杀鸡是浪费，用鸡刀杀牛是无意义的冒险。人的优点实际上就是他的缺点的正确延伸，人的缺点实际上就是优点不正确的延伸。曹真做具体的事很好，管理团队却很糟，他并没有变，只是让他做的事情变了。所以，将人放在一个什么样的位置非常重要。

3. 要互动，不要一厢情愿。人有独立的思想，必然为自己考虑。PI希望见习经理符合自己企业发展的需要，适当放慢晋升的脚步，这点无可厚非，但是PI没有得到这些见习经理的理解，甚至认为无须解释；见习经理则认为这是公司对先前承诺的背叛和对自己的愚弄，因此矛盾必然不可调和。企业对员工，尤其是对骨干员工必须适当地进行情感互动，一厢情愿最终将产生消极对抗和人才流失。

4. 适度提拔。不恰当地提拔可以毁掉一些人，而有些破格提拔则能成就千秋伟业。每个人的承受能力不同，有些人可以不循规蹈矩地破格提

拔，有些人只能按部就班地提拔，而有些人则只能置之原地不动。我们不能逆天行事，揠苗助长的事情尽量少干。

邯郸学步

企业在不同的阶段情况会有所不同，用人方式也会有所不同。不同的企业有不同的DNA，任何人都无法轻易做出改变，如同羊吃草和老虎吃肉都是与生俱来的一样，盲目改变就好比将老虎和山羊的食谱对调，就算双方都吃得下去也消化不了。

讲一个类似于“邯郸学步”的故事。

JKK公司是一家经营得非常不错的本土企业，经过10年发展，到2005年已经形成了销售额一个多亿元，利润将近一千多万元的格局。JKK公司的总裁任我行是一个非常爱学习的人，他读了EMBA而且偶尔听一些培训课，他从中感受到了自己的公司和大公司之间的差距。他认为自己的公司的管理层有两个核心缺点：第一，学历太低。JKK公司的核心管理层中几乎没有本科生，还有两个副总是技校毕业。第二，学习能力差。任我行将自己学习到的知识和公司的高管沟通，发现他们几乎都不懂这些新名词，这让老任很郁闷。但是他没有注意到，他们这个团队是一个执行力非常好的团队，而且行业经验也非常丰富。

任我行觉得自己已经40多岁了，再不做点儿事情似乎就没有机会了。于是，他决定大刀阔斧地改革。经过朋友引荐，我和老任见了个面，他先是和我大谈他的伟大理想，我不住地点头称是，在非原则问题上，我是比较随和的。然后，他谈了一下他们公司的招聘需求，他提出要5个副总、总监和1个总经理。我一听，感到非常奇怪，这不等于把人全部换光了吗？任总说，原先的人不行，要降级使用，全部做副手。然后，他又讲了目前他们公司的人水平怎么一般。我听了以后感觉不妥，如此激烈的改革，公司能承受得了吗？老员工能接受吗？我谈了我的顾虑，建议他循序渐进地进行改革。任我行回答，要让新的势力拧成一股绳，这样才能一举成功。多6个人不就多几百万的费用吗？这么大的企业在其他地方省一点儿不就出来了？我提出："能否逐步提高？我认为改良更容易获得成功。"我万万没有想到，任总听了我的话居然非常不屑，他表示："客户就是上帝，王总你怎么有这么多顾虑？你们是不是实力不行接不下我们的案子？"而且，他还表示他们实际上已经找到了一家有国际背景的猎头公司，如果不是有朋友推荐，他连见我都觉得多余。话说到这个份儿上，我们再接这个单子就有点儿失尊严了。嗟来之食我也不怎么吃得惯。我客气

地说：“那就让您说的那个有国际背景的同行来做吧！我希望是我多虑了。”大家不欢而散。

任我行按照自己的想法迅速地向前推进，那个有国际背景的同行也迅速地推荐人选。我了解这个同行的风格，只要客户肯付钱，他们不会和客户说“不”。出于好奇，我一直通过各种渠道关注着JKK公司。经过6个月的折腾，那个同行推荐成功了4个位置，任我行又通过自己的渠道招聘了2个人，终于建立起了一支全新的团队。让我们看一下这个团队的构成：一个香港人任总经理，一个台湾人任运营副总，另外四人都来自知名跨国企业。一支整齐的“洋枪队”宣告成立，同行也都感觉任我行来头不小。

但是，结果怎样呢？

总经理东方不败看上去是一个非常专业和敬业的人，但事实上他曾经和老东家打过官司，人品非常一般。他非常喜欢在企业内将小事搞大，然后踩别人一下，但他又很会拍老板的马屁，让任我行认为他极其神勇。

台湾人陈小扁倒是生产管理经验非常丰富，但是他优越感很强，而且有点儿“台独”倾向，常说“你们中国人怎么这么做事，我们台湾人可不是这样”的话。他还将公司的生产管理说得一钱不值。这些做法导致老员工都非常愤怒，到了故意找陈小扁麻烦的地步。

另外几个总监也都大骂老员工实在太土，需要“换血”。应当说新人之间虽然也有矛盾，但他们为了对付所谓的旧势力还真拧成了一股绳。他们之间的所有邮件都用英文书写，很多员工看不懂，这样隔阂变得更深。他们到职6个月内有超过30个基层和高层管理人员相继离职，而过去JKK的员工队伍非常稳定。经过将近一年的折腾，公司的效益大幅度下滑，到2008年，公司陷入了亏损状态。东方不败一看风头不对，立刻辞职，跳槽到了竞争对手那边，顺便带走了几个主要客户，这让公司雪上加霜。陈小扁则声称自己在台湾有80岁的老母需要尽孝，也撤了。陈小扁推进的项目一下子都成了烂尾工程，公司顿时陷入一片混乱。

任我行忙于救火，希望过去的“土人”回来，但过去的“土人”走了后基本不愿意回来，新的职业经理又不能快速上任。这真的应了“邯郸学步”的成语，新的动作没有学会，学过的也不会了，只有爬行了……或许这是求生的唯一出路。最终，JKK大幅度裁员，断臂求生，任总一下回到“解放前”！

看了这个故事，和大家分享一下心得：

1. 企业要不断改进但是要尽可能避免激烈的改革。任何事情都不能操之过急，激烈的改革往往将事情搞得更糟。任我行希望提高管理层的素质的初衷是对的，但是他采取了非常激进的“休克疗法”。下属的感受他没有考虑，下属的反弹他也没有考虑清楚，新组建的团队的执行力他更没有考虑清楚。

2. 要学步一定要做准备动作。每个组织都希望不断地成长，学步是正确的，关键是怎么学、如何学。我们要进入一个新的领域和尝试新的事物之前一定要进行必要的准备。例如，任我行真的要提高下属的素质，应该逐步引入外来职业经理，让所有的人都有一个适应的过程。要循序渐进，不要迈步太大，应该小步快跑，这样你的学步才可能成功。

3. 别人的佳肴对你来说可能是毒药。每个人的食谱都不同，对方能吃下去是因为他的胃和你不同。因纽特人可以吃很多脂肪，因为他们的祖先吃了千百年，但如果我们也这么吃胆固醇很快就会过高了。不要轻易羡慕别人，更不要轻易废掉自己的核心技术来照搬别人。跨国企业的很多系统是多年形成的，不是一下子可以学习到的。而且，一个公司的资产从几十万增加到一个亿，虽然自己感觉变大了，但放在市场上看还是一个小公司。因此，盲目照搬无疑是在自杀。

4. 听取反面意见。事实上，任我行犯的错误是一个常识性的错误。对任我行来说，他没有经历过组织变革，对很多问题看不清楚，但是，有这种变革经验的人很多，能给出正确意见的人也有很多。问题是很多领导者愿意花钱买自己爱听的话，而对“逆耳”的话则要么束之高阁，要么不屑一顾。

飘忽不定

以变化应对变化是绝对正确的，在变换路线时，企业需要的是拐大弯，而尽可能避免拐急弯或者急刹车。用人方面尤其需要一定的延续性，很多企业反思过于频繁，使用人策略忽左忽右。在这种情况下企业很难招聘到有真才实学的人，就算侥幸找到也很难发挥出作用来。

桃花岛公司是一家高科技公司，老板黄药师非常有才华。黄药师是天才工程师，整个研发团队应当说效率相当高。但是，在最近10年的时间里，桃花岛的发展非常缓慢，甚至几次到了破产的边缘。由于工作关系我接触过一个在这个公司工作了10年的研发经理郭靖，他和我分享了一下桃花岛的故事。

刚创业的时候，由于黄药师才华横溢，公司很快就度过了生存期。他们的产品被电信一家区域性公司采用，日子过得应该说是非常滋润的。但是，黄药师是一个心气非常高的人，他的想法非常多，他认为像电信这种客户虽然好但非常单一，而且难以复制，每个省乃至每个市的电信都是一个小山头，非常难以攻下来，因此公司要研发一款具有通用性的产品。

黄药师的想法确实没有错，在实施过程中却出了不少问题。首先，原先的公司实际上是一个项目制公司，所以公司销售部门的人很少，如果做产品，这个问题需要解决。其次，过去公司做项目，客户按照进度付款，基本上不会出现现金流问题，而做产品则很难说，因为一款产品的研发带有不确定性。没有人承诺购买这款产品，几百万元乃至上千万元的研发费用打水漂的现象是很常见的。但是，黄药师不怕，他认为路是人走出来的，自己白手起家都可以成功，这点儿困难不算什么，很多问题可以一边做一边解决。

在现有的研发团队中抽调了几个人，然后又招聘了几个人以后，黄药师亲自担任研发总监，开始研发CRM（客户关系管理）软件。黄药师的想法是先高价拿下几个大项目，这样本钱就回来了，然后再推广。黄药师是个比较自负的人，认为目前最需要的是找到一个执行自己想法的人。

黄药师见了不少人，但很多人的思路和黄药师不一致。在所有的面试人员中只有欧阳克最认同他的想法，黄药师于是任命欧阳克为销售经理。客观来说，欧阳克属于水平中等偏上的人，他自己的想法不多，但服从性和执行力都不错。老板如果对，他基本能做对；老板错，他则肯定跟着错。按照黄药师的想法，拿演示文档和质量差的产品就让客户付款，而且还要高价，这点欧阳克是无论如何都做不到的。不过，欧阳克性格温和，只敢和老板提一下，但一看老板的脸色就又缩回去了。黄药师认为以前和电信就是这么开始合作的，当时他只有方案，连产品都没有呢。但是，黄药师忽略了两件事：第一，电信招标的时候大家都只有方案没有产品，而CRM在市面上成熟的产品不下几十款，市场完全不同；第二，黄药师是鬼才，欧阳克不是，欧阳克手下的销售人员更不是。欧阳克在折腾了大约九个月后一套产品也没有卖掉，销售人员也走了很多。黄药师开始给欧阳克脸色看，觉得欧阳克没有激情也没有思路，同时黄药师开始希望招聘一个有激情的销售经理。欧阳克一看这架势，被迫离开了。

经过大约三个月的招聘，黄药师终于招聘到了一个特别有激情的人——梅超风，梅超风做事风风火火，销售部看上去有些耳目一新的感觉。产品又经过了9个月的发展似乎也有了很多竞争力。但是，有优点就有缺点，梅超风和欧阳克不同，她属于敢和老板吵架的人，当然她更不把其他同事放在眼里了。梅超风认为新产品有价就可以卖，可以将来再提价或者

改版本，而且她认为其他部门都是配合营销部门的。黄药师被梅超风说服，很快梅超风卖出了第一套产品，但是价格非常低，而且还需要根据客户的要求做很多开发工作。黄药师有些肉痛，但他还是支持了梅超风的工作。紧接着，销售部门又签了几个单子，但价格都很低，最高的也才3万多元。而二次开发任务非常重，黄药师不想承担太多成本，就从电信项目抽调了几个工程师。这让负责电信业务的人员非常不满，他们认为：CRM没卖出几套，怎么还搞这么多事。而研发部门也觉得被压得太厉害，于是集体给梅超风脸色看，梅超风感到非常不爽，而黄药师也开始对梅超风有意见了。这样，梅超风工作不到一年也只能辞职了。

由于过去大家受到梅超风“九阴白骨爪”的摧残太厉害，她一走大家纷纷对她签署的“卖国条约”表示愤慨。黄药师决定用老员工，他认为这样不会出现太多内部矛盾问题，而且自己也了解他们。但是，他忽略了一点，那就是很多技能不是可以短期培养出来的。黄药师起用了一个老员工陆乘风，陆乘风过去和电信打交道习惯了，觉得产品不能卖到几十万元有损自己的人格和公司的形象。陆乘风的想法很对黄药师的胃口，黄药师立刻表示支持。陆乘风通知销售部，以后低于10万元的单子不要接，只盯大客户。但是，桃花岛在业内的知名度一般，如果客户肯出几十万元的预算基本不会考虑他们的产品。所以，桃花岛在费时费力地应了几次标以后，6个月没有签下一个单子，差旅费用和应酬费用倒是花了不少。陆乘风也变得像受气的小媳妇一样没了刚开始的豪情壮志。黄药师感到焦急万分，对陆乘风有点儿不耐烦，正好电信项目需要人就又把他打发了回去。

这时候，黄药师觉得过去失败的关键在于业务模式，他迫切希望找到一个能带来新的业务模式的人。终于，黄药师找到了一个叫程英的人，她头脑特别灵光，言必谈商业模式，非常对黄药师的胃口。但是，黄药师没有注意到此人基本上是纸上谈兵。程英告诉黄药师SAAS（软件商提供服务器，客户将软件托管，不购买软件而是租用软件的一种模式。英文全称：Software As A Service）肯定是未来的趋势。黄药师善于接受新事物，对SAAS并不陌生。程英说，在国外这是一种基本上不需要用销售员的销售模式，厂商搞一些推广，下游的合作伙伴做一些服务就行了。黄药师正好觉得销售陷入了困境，听了程英的话很高兴，他力邀程英加盟。程英在国外待过，对SAAS有些了解，但是她对中国的软件市场可以说一窍不通。程英加入后立刻告诉业务部门公司准备转型，原先的销售人员本来就士气低落，看到公司又要变，很多人就萌生去意。但程英认为有人走非常正常，她常用陈天桥孤注一掷赌网游的案例来忽悠黄药师，弄得黄药师基本不理电信那边了，一门心思想着SAAS，想着向陈天桥看齐。黄药师忽略了几点差异：第一，陈天桥属于代理起家，而且买断的是非常好的产品，精力非常集中，桃花岛的产品最多也就是中等。第二，网游不用担心信息安全，而SAAS托管的是客户的核心数据，客户非常敏感，客户害怕你偷他的资料，对一个小公司来说取得这种公信力是非常困难的。换句话说，SAAS就不是小公司干的事。第三，国外盗版软件很少，中国则很多。SAAS和正版相比能节约成本，和盗版比成本一点儿也不低。换句话说，中国SAAS的路没有那么好走。但是，黄药师完全没考虑或者不想考虑。程英策划了几个营销方案，并搞了一个招商大会。在投入了上百万元的费用后，招商效果极其不理想，公司却要承担庞大的服务器和宽带租用费用。在SAAS项目直接亏损200万元以上后，程英也提出了离职。此时桃花岛由于连年折腾也逐步被电信边缘化，电信业务的营业额下降到了高峰时期的60%，而CRM软件累计直接亏损接近400万元，桃花岛的生存出现了问题……好在黄药师对公司策略进行了反思，他们正在逐步往好的方向调整。

飘忽不定害死人啊，让我们“挂职”到桃花岛，帮着黄药师一起开一下药方：

1. 坚持就是胜利。坚持不一定胜利，但是没有坚持一定会失败。在用人方面我们需要一定的连贯性，不能不分原因地胡乱追究责任。实际上，桃花岛只要坚持任何一个方向都会比现在的状况好。无论是欧阳克还是梅超风，放弃的确都有些可惜。梅超风已经离成功很近了，如果坚持一下，桃花岛就可以成功。如果仔细策划一下，SAAS也未必失败，桃花岛完全可以选择和大厂商合作的道路。

2. 不要拐急弯。拐大弯可以平缓地改进，拐急弯则容易出现翻车。黄药师用的人风格完全不同，商业模式也完全不同，这等于每次都没有积累。这种做法还会导致团队心态浮躁，大家相互推卸责任，只期望一夜暴富。这种不正常的心态为下一次的失败埋下了伏笔。

3. 不要用太"飘逸"的人。老板都喜欢用小本博大利，最好是无本万利！很多"伪人才"抓住老板的心态来获取自己的利益。如果是对资源要求很低又能赚大钱的项目，其他人为什么不做呢？这种"飘逸"的职业经理人往往喜欢拿企业的资源来赌博，赌博成功了要求分成，失败了会说："我不过是一个打工的。"所以，对过度"飘逸"的人应该不用或慎用。

4. 欲速则不达。企业需要速度，但是要尊重规律。黄药师在企业发展的过程中计划性差，总希望一蹴而就，结果反而陷入了发展速度极慢的旋涡中。在这种情况下，好的职业经理人不肯来，好不容易招到又很快流失。经验告诉我们，领导一旦想"大跃进"，往往会出现投机者迎合，愚蠢者狂热，忠诚者被边缘化，清醒者出走的现象。企业应该达到一种不疾而速的境界。

乱交学费

大多数失败不能产生成功。第一，失败仅仅是失败，很多企业失败了几十年还是不成功。第二，并不是每次成功都需要失败的孕育。大的失败一次就可以导致企业出局，像戴尔、微软等公司从成立到现在基本上没有大的失败。第三，就算需要只有失败才能获得的经验，也不见得要自己付学费，完全可以借鉴其他人的经验。例如，在用人方面你完全可以付顾问费请教顾问公司，这可能连你学费的10%都用不到。我有一个建议，就是你可以用交学费的银子来买香槟。

PM公司是一家高科技公司，总裁刘备在江湖上摸爬滚打了十余年后，一次很偶然的机会进入了一个全新的行业，生产一种节能产品。刘备从大学里找了几个志同道合的有志青年一起创业。其中，张飞加入PM的时候属于应届研究生，才华横溢，但是工作经验为零。张飞很快被委任为CTO（首席技术官）。由于这个项目的确有卖点，再加上刘备还是有些人脉的，PM居然拿到了第一笔风险投资120万美元。有了这120万美元，刘备又招聘了一名业务骨干关羽，关羽过去卖过机械设备，刘备认为节能产品和机械设备应该差不多。

张飞很聪明，也非常努力，但是他从来没有带过人的经验，他一个人做点儿试验搞点儿小发明绝对是一把好手，让他指挥一个交响乐队他就力不从心了。张飞在公司成立3个月的时候就捣鼓出来了原型产品，这也是风险投资给钱的原因。但是，在以后的两年，研发工作一直没能进入正轨。研发团队似乎永远形不成合力，张飞动辄骂人，但工作进展依然缓慢。他们的产品稳定性非常差，有时候节能指标很好，有时候基本上不节能，但是又找不到原因。刘备本身不懂技术，对张飞的期望值很高，张飞没有办法，刘备更加束手无策。他们两个人都没有办法，关羽基本上闲着。一晃三年过去了，刘备的钱和风投的投资款也快被烧完了，大家还是拿不出一个办法来。

刘备他们急，风投也很着急，他们也不想自己的120万美元打水漂，可他们也不太懂技术细节。万般无奈之下，风投通过我们找到了有类似经验的诸葛亮。诸葛亮加入的时候提出了三个条件：第一，必须给他10%的股份；第二，风投必须在合适的时候给出第二笔投资；第三，他的位置必须在张飞和关羽之上。经过我们的斡旋、游说，再加上投资方和刘备都已经江郎才尽，大家很快就达成了共识。

张飞对诸葛亮非常反感，觉得这个人空降到自己头上非常不爽。但是，不管张飞爽不爽，诸葛亮和张飞谈话可是一点儿也不客气。诸葛亮问："为什么我们的产品工作了4个小时以后就不再工作了？"张飞说："我不知道，你知道原因告诉我啊！"诸葛亮问："国外同行早就可以让机器连续工作了，我们什么时候可以解决这个问题？"张飞回答："我每天不都在干活吗？我尽力而为，哪天解决我说不出来！"诸葛亮非常气愤，立刻去找刘备，没想到刘备说了一通"张飞也在努力，兄弟们都很辛苦，理解万岁"等和稀泥的话。经过几轮折腾，诸葛亮明白，这个研发团队是指望不上了，而刘备也缺乏领导者所应有的决断力。学费交了三年，看样子要继续交下去，直到破产清算那一天为止。诸葛亮感到奇怪，刘备是个人最大股东，他怎么就不急呢？

机会终于来了，诸葛亮的一个朋友告诉他，一个美国厂商由于金融危机，决定剥离节能产品的业务，因为这个市场对美国厂商来说太小，而且属于边缘性业务。诸葛亮立刻拉上刘备找了投资方，他告诉投资方这几乎是唯一的机会，如果不收购这个业务，PM将在3个月内关门。如果收购，PM利用中国的制造优势和这个行业的三年经验可能成为这个行业至少是中国市场的老大。可能是诱惑太大了，也可能不想让那120万美元打了水漂，投资方同意了这个方案，但是提出收购价格不能超过150万美元，再注资金额不能超过250万美元。

诸葛亮向刘备提出，在这个生死存亡时期，收购项目绝对不允许张飞参加，收购成功以后张飞也不能继续做CTO。刘备不情愿地答应了。或许金融危机的时候的确没有买家，也或许诸葛亮很会把握美国人急于出手的心理，再加上PM愿意接受骨干技术人员（PM求之不得），PM居然用120万美元就买下了这个项目，外加7个研发人员和所有专利，其他人员都不需要PM处理。

收购完成一个月内，美国人尼克出任CTO，PM照搬美国人的方案立刻解决了产品的稳定性和连续工作的问题。由于PM收购的时候也收购了美国公司的专利和合同，PM接到了国外订单，而仅仅这些国外订单就可以让PM结束亏损局面。

3个月后，PM的生意额已经达到收购前的10倍……张飞和关羽在套现了自己的股权以后悄然离职。

下面，看一下这个案例给我们的一些教训：

1. **能不交的学费最好不交。**并不是每件事情都需要交学费，很多问题对不知道的人来说是哥德巴赫猜想，需要穷其一生的精力来研究；而对知道的人来说是常识，几乎不用花钱。前段时间我在北京和一个朋友吃烤鸭，他告诉我他准备投入500万元和一年的时间做一个尝试，我告诉他，这事不用试，我多年前就知道肯定不行。原因如下……一顿烤鸭换500万元还有一年时间，划算吧？

2. **引入人才是避免交学费的最好方式。**在这个案例中，如果没有诸葛亮的加入，结果必然是投资款打水漂，公司“光荣”破产。这也应了那句话，千军易得，一将难求。引入一个适当的人才不知道可以少交多少学费!

3. **要清楚交学费的目的。**刘备应该明白张飞在现阶段根本不具备当CTO的能力，在这种情况下，交学费是意义不大的。我们可以也必须要交一部分学费，为自己，也为公司员工，但是我们只能交纳能够承受得起的学费。毕竟不能让穷人的孩子读贵族学校吧！毕竟交学费的目的是让人毕业。如果交完了还是留级，甚至根本不知道需要学什么，不是亏大了？

4. **放弃虽然非常痛苦，但更加痛苦的是没有放弃。**有些人我们必须放弃，交学费等于是向死尸输血，完全是心理安慰。但是，我们有时候控制不了自己的情感，这导致我们反复犯错，直到把自己拖向深渊。在这个案例中，张飞的很多言行和风格已经完全不适合担任CTO了，刘备闯荡江湖多年能连这个都看不出来吗？问题是刘备潜意识中已经将张飞当作兄弟了，放弃张飞让刘备觉得心里过不去。所以，放弃需要更大的勇气！

别怀疑，我是经理人

我是谁

中国有句古话：“知人者智，自知者明。”一个人能自知是相当不简单的，这可能就是“不识庐山真面目，只缘身在此山中”吧！通过自我剖析，搞清楚以下几个核心问题，这是我们职业规划的基础。

第一，核心优势。每个人都有自己最擅长的领域，有些人天生逻辑思维能力突出，有些人具备艺术天赋，有些人拥有运动天赋，而有些人则伶牙俐齿。这些天赋一定要尽早地发掘并加强，只有这样，你才能够有意识地使用这些天赋。

第二，核心劣势。上帝的公平在于他不会将所有幸运给同一个人。因此，每个人都有缺点，很多缺点甚至是难以克服的。我们可以这么看，我们教一个天生不善于表达的人演讲，就算他再努力可能最多只能得60分，要让他成为伟大的演说家基本上是痴人说梦。很多伪科学告诉人们，你可以成为任何人，这些理论甚至能举出例子来，都是特例否定惯例的例子。当我们发现自己难于克服的劣势后，就要在规划职业发展生涯时努

力规避核心劣势部分。举个例子，如果你的逻辑思维不行的话，你就不要试图做一个程序员；如果你的沟通水平差的话，就不要试图成为一个销售员。

第三，必须提高的领域。是不是当我们发现了自己的劣势后就可以规避或者索性置之不理呢？当然不是这样的。总有一些劣势是无法规避的，所以就算我们不能将我们的劣势提升为优势，但至少不能太弱。例如，一个先天沟通水平不佳的人不适合做销售人员，但是，是不是不做销售人员就不需要沟通技巧了呢？就算做技术人员也需要沟通，也需要让自己在这方面的劣势至少不会影响到和同事的交流。一句话，我们要让短板不太短。

第四，兴趣。兴趣可以培养，但不能完全无中生有。我们每个人都有自己最喜欢干的工作。比如，我喜欢帮助其他企业提高运营水平，我就选择了做管理咨询。有些人喜欢钻研，那么他就可以选择做研发人员。在没有刻意培养的时候，每个人都有很多兴趣，我们需要对自己的兴趣剖析后，对有利于我们职业发展的兴趣进行重点培养。我的另外一个忠告就是一定要把职业兴趣和业余爱好分开。

当我们知道“我是谁”以后该考虑下一步该干什么了，以及如何获得更大的成功。其实让自己成功无外乎以下几招，我们来盘点一下。

第一，经营自己的职业生涯，选择最适合自己的行业和职业。男怕入错行，女怕嫁错郎。这话说得太有道理了。虽说“三百六十行，行行出状元”，但是，不同行业的状元所得到的回报是完全不同的，而且一个人的性格不可能适合每一个行业。在有的行业，性格外向是一种优势，而在另一些行业，性格外向就是一种劣势。因为有些行业需要和人打交道，而有些行业就是和机器打交道。我们需要知道如何规划自己的职业生涯。如果你是将军，你要去找战场；你是刘翔，你要去找你的110米栏；你是李娜，你要去找一种叫网球的东西。如果找错了，那么一切优势就都浪费了。如果你所从事的行业让自己的优势发挥不出来，规避不掉劣势，你又不怎么喜欢，做起来特别痛苦，那真是让猪上树，让大象练瑜伽了。

第二，进行有意义的持续学习。这是一个应当贯彻于你的整个职业生涯的行为。当今社会，工作压力十分巨大，很多人感觉要将手头的事情做完就已经累得不行了，根本没有精力与时间学习和思考。毕业于同一个大学，都工作5年，薪金却相差3倍以上。公平吗？非常公平！公司雇用的是一个人的能力和经验，而不是他所毕业的学校和工作的年限。人力资源既然已经完全商品化，那么企业就会用最低的成本买到最高质量的人力资源。你不断学习就是在不断增值，不断总结经验就是在浓缩时间。我们每

个人都应该将自己变成一件成本很低、单价很高的商品，你能干10个人的活，却拿6个人的工资，你的单价已经很高了，但是，你的人力资源成本依旧非常低。这样，企业和你都会实现双赢。当然，我们不要在一些和工作没有太多关系的，所谓的知识上投入过多精力。我曾经认识一个候选人，他有超过15种证书，他自修了会计、法律、人力资源和项目管理，但是他依旧是一个小小的销售主任。学习的目的在于学以致用，而且无论如何不要影响到你的本职工作。否则，所谓的学习就成了无源之水了。

第三，选择优秀的公司和老板。当行业基本确定后，你需要考虑所要加入的公司。不同的公司所提供的发展前景差别很大，好的公司和老板非常关心员工的职业规划与个人发展，而愚蠢的公司和老板连自己的方向都搞不清楚。如果你加入的组织是“盲人骑瞎马，夜半临深池”，想一下你的前途在何方？你要加入的组织不见得非要是世界500强，但是这个组织必须有自己的理想和为理想而奋斗的措施。而且，尽可能不要选择一个太平庸的上司，也就是说你的直接上司的能力不能太差，哪怕你能拿到的薪水可以更高一些。我在其他的章节中已经表达过类似的观点。如果你是一个追求稳健发展的人，我建议你应该首先考虑服务大型跨国企业和成熟的大型本土企业，这些企业相对来讲风险较小而且制度比较健全。例如，如果你能成为宝洁公司的管理培训生，你的职业发展无论如何都不会太差。

我建议，尤其是刚出校门的大学生可以优先考虑这条道路。如果你是一个有冒险精神的人，想要追求更高的回报率，那么你可以考虑加入快速发展的企业，就算这些企业目前的规模非常小。当然，这就要考你的眼力了。毫无疑问，这种选择的风险更高，但是收益也更大。所有的企业都是由小到大发展起来的，而伴随着企业成功的则是百万富翁的批量产生。所以，选择一个成功的公司和老板是决定你成功的重要一环。

第四，发展可以让你增值的社会关系。相同面料和做工的衣服，打上不同的商标，摆在不同的地方，价格可以相差10倍以上。我相信没有人认为这是危言耸听。人力资源在某种意义上和衣服一样都是一种商品，所以同样会出现这种问题。职业经理人的能力影响了身价，能力指数为100分的拿100万元的年薪，能力指数为70分的拿70万元的年薪，但并不是说身价和能力是完全画等号的。中国人习惯将社会关系称为圈子，圈子很大程度上影响着一个人的发展，很多机会和信息都是在圈子内传播的。不仅如此，增值的社会关系还会让你得到不少千金难买的建议、友善的激励和设立目标的标杆。那么，我们该如何建立这种社会关系呢？我将我的一些做法和大家分享一下：一是真诚地对待朋友；二是力所能及地帮助朋友；三是帮助朋友不求回报，但是不和知恩不报的人为友。

以上讲了这么多，无非为了阐述一个道理：成功绝非侥幸，不要傻等

伯乐，首先你必须是你自己的伯乐。不要等着别人发掘你，自己发掘自己吧，机遇永远属于有准备的人。

高处胜寒

我们曾经推荐一个候选人给我们的客户，从工作经验上来看，他是一个非常适合的人，客户对他的印象也不错。在面试快要结束的时候，客户的负责人问了一个问题：“有些办事处绩效比较差，你入职后准备采取什么措施？”这位候选人理直气壮地说：“公司可否给我权力将他们全部炒掉？我认为还是用新人比较合适！”不用说，客户的负责人被这个回答给吓住了，她认为这个人就算有能力也不适合这个位置。这个候选人死在了他的激进上，我们可以称之为“堂吉诃德式的勇敢”。

所谓高处不胜寒，与其说主要因素是客观，倒不如说是主观，至少站在我的角度上看，很多问题完全是可以避免的。我认为“高处可胜寒”，关键是你选择穿一件什么样的防寒服。如果你的防寒措施得当，你可以攀爬喜马拉雅山；而防寒措施不得当的话，初夏的夜晚你一样会着凉。这里，我将我的一些经验和看法总结成以下几条：

1．不要过度承诺。对“空降兵”来说尤其要注意这一点。很多职业经理人在刚刚加入一个企业的时候往往将自己看得太高，容易过度承诺。曾经有一个来自日化行业的职业经理人跳槽到一家著名的饮料企业，他在刚刚工作的时候根本没有考虑天气对饮料市场的影响，拍胸脯承诺了一个非常激进的销售目标。结果，连续的阴雨天气让销量大打折扣，产生了大量的连锁反应并让矛盾激化，摧毁了上司对他的信心。最后，他只得离职了事。这位朋友的最大问题就是在没有搞清楚情况之前盲目承诺。作为“空降兵”，在没有和上司建立起信任关系的时候，切忌说过头话。企业的老臣子和企业有比较深厚的感情，而且多少有些信用基础可以透支；而“空降兵”则没有这些，有的往往是躲在暗处看笑话的人和笑里藏刀的对立面，一出事往往救兵没来，落井下石的人已经在排队了。

2．确保业绩。业绩是硬道理，职业经理人要想巩固自己的实力只能靠业绩，企业给你一棵树，你得爬上去，否则说什么都是胡扯。作为拿高薪的职业经理人，其薪水往往是普通员工的十几倍，企业当然对你的期望值很高。俗话说得好，“杀头的买卖有人做，亏本的买卖没人做。”当你能够保证业绩的时候，大家都认为你的薪水是你该拿的，但是一旦业绩下滑，企业自然要质疑薪金的合理性。企业可以允许一个年薪3万元的人犯错误，因为成本比较低，而且控制的资源也有限，能带来多大损失？但如果一个年薪30万元的人犯了错误，企业就会感到压力很大，而他一旦

犯了像年薪3万元的员工那样的错误，大家就会说："怎么连一个新手都不如！"而当一个人的年薪300万元的时候，他犯的任何一个错误都可能是致命的，而且企业也需要证明这笔薪金没有白白支付。用什么来证明呢？就是业绩。

3．不断学习。知识更新，日新月异，任何人都没有什么老本可以吃。今天你还才惊四座，明天你可能就成了普通人，后天或许你就是老古董了。这绝对不是玩笑。拿销售渠道来说，最近10年也不知道改变了多少，而销售的理念更是更新了许多次。如果还是用老一套的知识，别说前进了，保住自己的饭碗都极其困难。

4．和资本方对话。打工到最后必然要和资本方对话，也就是和企业所有者或是所有者的代言人董事会对话。资本以逐利为目的，强调的是回报率，而职业经理人则要处理更加具体的现实问题，因而两者间总会有一些矛盾。作为职业经理人，首先一定要了解资本方的意图，不要做出南辕北辙的事情。同时还要控制好资本方的期望值，资本方具有贪婪性和求利的本能，职业经理人需要将其拉到正常轨道上来。

我的一个朋友在跨国企业出任要职多年，有一个港资企业通过猎头公司找到了他，这个企业给他的待遇非常优厚，但是我的朋友还是拒绝了他们的邀请。我的朋友对这个企业的董事总经理说：“你们的薪金非常有吸引力，但是你们订立的计划我根本达不到，我个人认为这个计划是不能实现的。你们可以找其他人试一下，如果你们认为我说的话有道理再来找我。”后来，这个港资公司果然聘用了另外一个职业经理人，但是这个可怜的家伙仅仅干了不到3个月就离职了。又过了3个月，这个港资公司同意了我朋友的意见并重新下了聘书，薪金比开始谈的时候还高了20万元。现在，我的这位朋友工作非常愉快，公司对他很信任。前些天我和这位朋友聊天，他告诉我，他认识前任的那人，前面的工作没有做好完全不是前任的责任，这个可怜的家伙最大的悲哀在于他不懂如何与资本方共舞。

5. 处理好和上司、同僚以及下属的关系。知己知彼，百战不殆，这已经是老生常谈了。我们在一个组织中工作好比在跳一场集体舞，了解你的前后左右是必需的。很多所谓高处不胜寒的经理人，问题都出在没有协调好公司内部关系，人为地让自己不胜寒。最常见的问题是将自己的上司当同僚看，结果搞得上司认为他不够尊重；将同僚当下属看，让同僚认为他很傲慢；将下属当兄弟看，多了些江湖义气，最后尾大不掉。

我的一个前同事非常有能力，思维敏锐，最大的毛病就是不把自己的老板当老板，随便得有些过分；不把同事放在眼里，总认为别人的水平不行；而对自己的下属太讲江湖义气，常给人包庇下属的感觉。结果，他最

近这几年总是频繁地换工作，而且总说“高处不胜寒”。前些天，我对他说：“哥们儿，如果你在一个公司不适应，可能是那个公司不行。如果你在所有的公司都待不到两年，说所有公司都不行就不厚道了吧？”他当时就脸红了。

6．不要越权替你的上司做决定。注意，这是职场的大忌。往往优秀的人都比较自负和自傲，这倒也没有什么，但是千万别自负到看不起上司。你的上司不是傻瓜，这种事情他可以感觉得出来。对职业经理人来说，还有一个非常可怕的陷阱：开始的时候，你的上司往往会说：“这件事情你来做决定！”请注意这句话，他并没有说以后这类事情都由你来做决定，很多职业经理人往往没有注意到这一点，认为以后这类事情都由自己决定，这很容易为今后的裂痕埋下隐患。

我给各位的建议是：首先，尽可能地搞清楚自己的授权，而且尽可能让授权明确化和书面化。其次，超出自己授权的处置权一定要交给你的上司，哪怕你认为你的决定可能更加英明。再次，对于授权难于界定的事务，如果时间允许就请示上司，如果时间不允许一定要在事后知会你的上司。最后，要想扩大权力，就需要不断获得信任，而要获得信任首先就不能越权。

7．要有政治智慧，但尽可能不要参与办公室政治斗争。有办公室的地方就有办公室政治，我们在面试候选人的时候，尤其是在面试高层候选人的时候，都会询问他们对办公室政治的看法。我认为，很多公司说我们没有办公室政治，就好比说天下无贼一样。天下怎能无贼？能让贼尽可能少并将贼限制到一定的范围内就很不错了！实实在在地讲，企业没有办公室政治是不可能的，只要能把办公室政治限制在一定的范围内就可以了！职业经理人如何看待办公室政治是一个非常关键的问题，原则上要尽可能避开办公室政治，不要卷进这些斗争的旋涡。办公室政治不仅仅浪费时间，而且可能影响到你的发展。但是，你不参与办公室政治是否就意味着办公室政治是不存在的呢？肯定不是。所以我们要有政治智慧，这样我们才会避开这些旋涡，立于不败之地。

择主而事

可能很多朋友都有这种感觉，当你的事业一帆风顺的时候，总是有各种猎头公司给你打电话，不断地“烦”你，推荐一些你不怎么感兴趣的职位。但是，等到你发展得不如意，真正需要换一份工作的时候，这些猎头顾问却好像人间蒸发了。如果你真有这种感觉，我要说那就对了！事实基本如此。职场是非常势利的，猎头顾问为了迎合职场的规则和客户的需

求，不可避免地也将受到影响。当你位高权重的时候，你是一个非常有卖点的人，一个炙手可热的人，这时候你通常被称为“人才”，猎头公司的客户会花费高额佣金请猎头公司来猎取你。但是，当一个人的职业发展出现问题，尤其是在这个人的职业技能开始老化时，这个人就难于被猎头公司的客户所接受了，猎头顾问就会悄悄地离开他。所以，要引起猎头公司的注意，首先是你个人的职业发展不能走下坡路，你最好在热门领域的热门位置。从本质上来说，猎头都是替你未来的雇主打前站，如果你在市场上没有竞争力，猎头是做不了什么的。当然，这也不是绝对的。你还可以通过以下几个方面的行动引起猎头的关注。

第一，通过各种社会关系和猎头顾问人员建立密切的朋友关系。这样，你们的交往就不仅仅是商业关系了。

第二，可以用一些类似微博、Linkedin等社交平台，将自己的标签标得清楚一些，让对方看到你的履历。另外，也可以在想换工作的时候在类似猎聘网这种平台型网站上注册。

第三，提高在媒体和专业杂志上的曝光度。一般猎头公司都会通过公共媒体来收集候选人的资料。

第四，当猎头顾问和你联系的时候，就算你对他们提及的机会不感兴趣，也要保持礼貌甚至是感谢。记住：山不转水转。

由于现在的猎头公司实在是良莠不齐，如果你试图和太多的猎头公司保持联系，不仅无助于你的职业发展，反而会浪费你大量的个人时间。你应该选择适合自己的猎头公司和顾问人员。那么，什么是适合你的呢？我认为，所谓适合必须具备以下几个条件：

1. **对方必须有很好的职业道德和责任心。**猎头不能把你的信任当作资本来炫耀，不能为了商业利益透露不该透露的信息。如果这个顾问人员总是指名道姓地说别人的薪酬状况，你就要对他有一定的戒心了。

2. **你所接触的猎头公司和顾问人员需要有比较高的专业水准。**如果这个顾问人员对商业的了解非常浅薄，那么，你很难想象他可以在你的职业发展方面给你什么有用的建议。而且一个专业水平比较差的公司和个人必然得不到他们的客户，也就是用人企业的尊重。如果是这种公司推荐你的话，你反而会受到伤害。

猎头对你的职业生涯究竟能起到什么作用呢？我觉得应当是催化的作用。对于猎头，职场上有两种比较极端的看法：一种看法是，只要我有

料，猎头算什么，我靠我的本事吃饭；另一种看法是，我一定要和猎头公司搞好关系，我需要他们给我推荐好职位，只要我在这个行业内多几个朋友，职业发展就有救了。实际上，这两种看法都比较偏激，猎头是一个人职业发展的催化剂，如果没有催化剂，很多化学反应的速度要慢上千倍。但如果只有催化剂而没有必要元素，化学反应永远不可能发生。你没有竞争力的话，猎头顾问根本不可能推荐你，因为即使推荐也没有用，猎头顾问并不是最终的决策者。在这种情况下，别说你是他的朋友，就是他的亲人也没有用。说句实在话，职场上的友谊是建立在利益之上的，如果你没有足够的竞争力，朋友关系又能持续多久呢？在成熟的商业社会中，很多企业的高级管理职位都是通过猎头公司来招募的，如果你不能和猎头公司共舞，那么你将和这些职位失之交臂。有些职业经理人不可一世，这非常容易引起猎头顾问的反感。毕竟，这个世界上没有任何人是不可替代的。

职业经理人必须要选对老板，否则无论你怎么经营你的职业生涯都是枉然。柯达公司里有非常多优秀的人才，作为职业经理，他们无可挑剔。但是，公司大政方针有问题，对数码产品取代胶片没有足够的应对措施，而这些事情，下面的经理根本参与不进去。你说，就算你再优秀又有什么用？！在三国时代，陈宫不差吧？虽然比不上诸葛亮、周瑜，可也算是一等一的军师、谋士了。但他跟了吕布下场如何？白白搭上了自己的脑袋而

已。如果你跟的是“昏君”，以你一人之力又能何为？哪种老大是“昏君”呢？“昏君”基本上有以下几个类型:

1. 庸君。说得直白一点儿就是脑袋被摔过了，比较愚蠢。在这个世界上干什么都是要有智商的。这种人往往不坏，让人不忍心离他而去，但他的智商的确不足以担当大任。很多家族企业时常发生这种问题。历史上的庸君数不胜数，扶不起的阿斗算是一个。

2. 暗君。此种人心理阴暗，道德底线非常低。老大没有道德，整个组织就不太可能有什么道德可言，组织内部要互相提防，组织外部也不可能有什么真正的盟友。历史上，朱元璋算是一个暗君了，跟他打天下的手下几乎都没能善终。

3. 暴君。这种老大喜欢搞一言堂，听不得不同的意见，赏轻而罚重，让人无法施展也不愿意施展才能。企业中的“暴君”往往将所有人视为无物，这种老大内心深处对人缺乏尊重。不过我必须要说的是，有些“暴君”才华横溢，如果你能忍受下去，还是有好处的。微软的比尔·盖茨、甲骨文的埃里森都可以说是典型的“暴君”，手下被无辜伤害、奚落的估计不止一个。不过，对那些脾气大但能力一般的老板，我建议你就别忍了。为五万斗米嘛，可以考虑折折腰；为五斗米折腰的确不值。

4. 弱君。如果一个组织的老大内心懦弱，那么整个组织将没有主心骨。而且由于他不够坚强，将会朝令夕改，反复无常。这种老大往往习惯于推卸责任，自己躲到一边去，让手下当替罪羊。这样的组织怎么可能有凝聚力？我认识一个高管，这个人的经历有点儿奇怪。他给人的感觉非常好，谈话有逻辑性而且有礼貌，但是，他在任何一个企业的业绩都非常差，而他的手下和他共事一段时间后都会给他很低的评价。有一次，我和他过去的一个手下谈起此人，他的手下说，此人极其害怕承担责任，总是害怕做决定，而且习惯性地将责任全部推给手下，然后在董事会面前装无辜。此人智商很高，本来是一个不错的幕僚人员，但他总出任企业总经理的角色，结果是既害了手下，又害了组织。

5. 集成型昏君。也就是同时具备了上面我们分析的几种致命缺点的“昏君”，这种人属于“极品”。在此，我就不对“极品”发表评论了。

作为职业经理人，有一句话永远是没有错的，就是：良禽择木而栖，贤臣择主而侍。尽快选择你的真命天子，然后共同发展吧！何谓明君？我觉得我们不能期望老板是一个没有缺点的圣人，这个世界上永远没有完美的人，我觉得老板具备以下几点就行了：

1. 必要的智商和情商。一个人做事业需要足够的智商支撑，用人也需要智商。而且，领导不能是一个喜怒无常的人。领导是组织的灵魂，领导魂不守舍，你让手下如何从容自若？

2. 要有志向。一个没有志向的领导所领导的组织是绝对走不远的。当年李自成带领兄弟打下了北京，他觉得自己的理想彻底实现了："过去咱居无定所，现在紫禁城都是咱的家了。过去也就折腾个富户，打个土豪，现在北京城都是咱的后花园，谁不给咱钱就灭了他。"他搞了个"比饷镇抚司"，这衙门的职责只有一个，就是明抢！谁有钱就抢过来。老大都这么折腾，兄弟们更不闲着了，都去打家劫舍。结果呢？进京后百日而亡！看来没有志向的老大绝不能跟。

3. 有道德底线。老板没有道德，组织就变得更没有道德，而和一个没有道德的老板共事是非常危险的。就算你和他能够共患难，也不可能共富贵。朱元璋在草莽的时候也曾经礼贤下士，但是开国以后他都干了些什么呢？洪武十三年，他说宰相胡惟庸谋反，胡惟庸及其所谓的党羽两万多人掉了脑袋，历史上被称为"胡狱"。这是第一波。接着是所谓李善长谋反，连朱元璋的老婆马皇后都纳闷，说："李善长七十多岁了谋什么反，他谋反能当几年皇上？"但朱元璋认为他谋反是事实，最后将李善长一家七十多口全部杀掉。更能证明此人心理变态的是：他还强令将李善长年已六十多岁的妻子送入妓院，并命其每天接客两名。开国的文臣都被杀光了，轮到武将了。朱元璋借口大将军蓝玉谋反，杀掉了15000多人，这下子，开国的武将也被杀光了。由于篇幅所限，朱元璋杀徐达之类的就不一一讲述了。你说，如果你跟了这么一个老大，就算助他成功又如何？所以，如果发现老大没有道德底线，赶紧撤退。

4．有必要的资源。老板如果没有一点儿资源，那么你跟着他意义也不大，他自己赤脚，你能穿鞋吗？他喝汤，你好意思吃肉吗？当然，资源有很多种，人脉、地位、金钱都是资源。资源绝非万能，但没有资源万万不能，无中生有难，用钱生钱易啊。

所以，大家不要以为好的老板好找，实际上比找千里马还难啊。

经理人众生相之怀才不遇型

我相信，这个世界上的大多数人都有一些怀才不遇的情结。有调查表明，这个世界上只有5%的人对自己的收入满意。换句话说，大家都认为自己拿少了。实际上，对现状有些不满意未必是坏事，只要不过分就行。一旦过分，自然就多了些怨天尤人的成分，感觉怀才不遇，这就坏了。事实上，作为企业的领导，最忌讳的就是喜欢听故事，用一些所谓的怀才不遇的人。怀才不遇，这是真实的谎言。

我们常说的一句古话："金无足赤，人无完人。"对有缺点的人扬长避短就是了。然而，很多不成功的人不是一般意义上人们认为的有缺点之人，而是有致命缺陷的人，是"次品"，甚至准确地说是"废品"。例如，一个人口才佳、思路清晰，但总是一事无成。一旦仔细观察，你就会发现此人非常懒惰，做事有始无终。可是在初次接触的时候你能够发现吗？他能告诉你吗？有些人看上去非常大度，但这些人总是在关键的时候"打死狗论价"。试想，这样的怀才不遇者，谁人敢用？谁人能用？

我认识一个朋友，他的口才很好，反应也很快，但是他几乎每一年换一份工作，职位也没有什么大的提升。我曾经和他交流过，他也和我谈过他的几个老板。根据他的说法，基本上是洋人太傻，不了解国情；中国人太土，策略性差。他认为错误都不在他。他也时常问我是否有好的机会。出于负责和好奇，我和他过去的几个同事聊过，大家对他的评价是：做事非常浮躁，说得很好，写出来一般，做起来就没有办法看了。这个朋友每到一个企业都是开始时非常不错，慢慢地就和同事冷战，最后不欢而散。但是，这个朋友的口才好，适合面试，属于"面霸"，很多猎头公司也愿意给他抬轿子、编故事，有一家猎头公司前后"卖"过他3次，获利不菲。

这的确是悲剧，是行业和社会的悲剧！原则上，对于5年换3次工作的人，我建议企业一定要打起十二分精神来，能不要就不要。而对于5年换4次工作以上的人，就是他说到天上去，企业也不能录用。

因此，我想告诫那些爱才、惜才的老板，对怀才不遇者，不要盲目地同情，更不要轻率地提拔、破格录用，而要首先质疑“他为什么会怀才不遇”。如果前几任上司都无法修正他的缺点，凭什么你可以给他改正？不要高估自己改变人的能力。人最难改变的就是个性，但偏偏所有的“怀才不遇”都和个性有关。有些人的个性问题，说得严重一点儿，可以被称为“心理癌症”。

前一段时间，我们做的一个执行副总的项目，有一个候选人各方面条件都非常好，名校毕业，有海外背景，做过上市公司高管，但是他和上司关系都不太好（他非常巧妙地掩盖了这一点）。此人能说会道，客户的董事长一见到他就非常喜欢他，决定马上录用。结果，上班以后才发现这个人非常不好用。客户的副总打电话让我帮忙看一下到底是怎么回事。我拿过这个候选人的资料看了一下，也和负责这个项目的同事聊了聊，并给这个候选人打了个电话。我一聊就明白了，此君属于典型自我感觉良好的怀才不遇者，总感觉别人水平不行、做人不行、配合不行。他过去的老板是个非常有名的企业家，也被他贬低得一钱不值。放下他的电话，我给客户的副总打了个电话，建议立刻解除合同。客户非常吃惊，因为这意味着我们要免费再推荐一个人。我问客户："你觉得你们老板和某某（这个候选人的前任老板）比怎么样？"客户说："目前还不能比。"我说："某某都搞不定的人你觉得你们老板能搞定吗？还有，你能改变一个超过40岁的人的工作和思维习惯吗？如果你能，你还请猎头公司干吗？自己培养一个执行副总不就完了？"客户听完，静了大约十秒钟，然后说："王总，你说得对，我听你的。"

天生我材必有用，正确给自己定位，这个世界上不存在怀才不遇。如果阁下认为自己怀才不遇，请参照前一句话。

经理人众生相之稳健发展型

文建毕业于国内某知名大学，20世纪90年代初期参加工作，成功考入一家知名的跨国企业做见习管理人员（Management Trainee），但是他因当时众所周知的户口问题而失去了这个工作机会。由于当时的体制问题和文建压根儿没有做准备的缘故，其他分配机会也被耽搁了。就这样，文建被打回原籍等待分配，说得更直接一点儿就是失业在家。可以说，文建职业生涯的开局相当不顺利，在起步阶段就莫名其妙地栽了个跟头。

天无绝人之路，一年后文建因为一个非常偶然的机会认识了香港一家著名公司的一位管理人员，由于文建的基本功非常扎实而且处理问题非常得体，这位港资企业的管理人员将文建推荐到了自己所服务的企业。这是文建人生中的一个重大转折点，在大约三年的时间内他勤勤恳恳地做自己分内的工作，业绩也相当不错。同样由于朋友的介绍，文建在大约三年后加入到一家民营贸易公司，并出任业务总经理。这次跳槽让文建的薪金增加了几倍，每月约1万元人民币，这在1994年是一个非常惊人的数字。坦率地讲，文建在这家民营企业的业绩不能算差，和老板的关系也还不错，但是文建渐渐感觉到自己并不是非常有企业家精神的人，而自己所在的企业由于规模的原因需要的不是职业经理人而是“游击队长”。这和文建的整体定位差距很大。经过反复权衡之后，文建加入了一家非常有名的美资公司S出任一个非常偏门的职位——对等贸易经理。这个职位的主要职责是在中国购买各种产品然后出口到国外，用以将公司在中国赚取的人民币换成可兑换货币。坦率地讲，以文建的资历，S公司是绝对不可能给文建这个职位的，毕竟文建过去没有在知名跨国企业工作的经历。但是，由于这个职位实在是太偏门，S公司可挑选的余地不大，而文建在过去的港资公司中的工作内容和这个职位的要求非常吻合，再加上文建在面试中给S公司的高层留下了非常不错的印象。美中不足的是，这次跳槽让文建的薪金不但没有任何增加，反而有所降低。但是，经过反复思量，文建最终决定加入这家世界500强公司。

正当文建准备大干一场的时候，意想不到的事情发生了。S公司在全球范围内进行架构调整，而文建所在的部门遭到有计划地全部裁撤。这对文建的打击实在太大了。由于刚刚加入S公司不久，S公司显然不会考虑如何帮助文建安排一个合适的位置，而现在换工作，新的雇主肯定会质疑他为什么在S公司工作了如此短的时间就要离开，可文建又不能逢人就说："我命苦啊，刚来公司部门就要被撤了！"毕竟，职场不相信眼泪。更加严重的是，当时由于架构调整，S公司的人像蝗虫一样涌入人力资源市场，受供需关系的影响，从S公司出来的人薪酬待遇普遍看跌。文建进行了综合分析后，决定还是正视现实。他对潜在雇主从薪酬要求到职位要求都进行了适当调整，并通过各种渠道寻找适合自己的工作机会。

几个月后，在1997年年初，文建通过不懈努力终于接到了另外一家美资公司B的聘任通知，虽然B公司开出的条件不够理想，给出的薪水比文建在1994年的水平还低，职位是经理，但是职责范围和过去相比缩小了不少。更加有趣的是，在面试的过程中，B公司的不同人员发出的声音完全不同，对候选人的要求也完全不同甚至相反。文建凭借自己敏锐的头脑，像变色龙一样游弋其间，最终艰难地争取到了这个职位。当时文建看中的是这家公司进入中国不久，本土化程度不高，上行空间应该不错。事实也证明文建的判断完全正确。随着B公司的本土化水平不断提高，文建在B公司的晋升如同坐直升机，在大约5年的时间里，文建被提升了3次并得到多次海外培训的机会，薪金水平也上升了几倍。当然，这和文建工作踏实、业绩优良是分不开的，文建的几任上司都给予了文建非常高的评价。

几个月前，文建通过猎头公司介绍加入到另外一家跨国公司，出任一个重要部门的中国区总监，而薪金则大约是他在1994年的10倍。

对文建的职业生涯，我们可以做如下分析。

文建为什么成功?

1. 进取的心态和不服输的性格。从文建身上我们可以看到一种积极向上的精神。他始终没有怨天尤人，这也是他在大的关口能够化险为夷的主要原因。做人最难的是在逆境中正视现实。人们往往会怀念失去的美丽，但是一个人如果希望从逆境中走出来，最应该做的只能是正视现实，勇敢面对。

2. 优良的工作业绩。文建具有敬业精神，工作非常认真而且肯学习和动脑，即便他不愿意做的一项工作也会努力将其做好，不情绪化，因而他的工作业绩不错。我们可以看到他的职业生涯中有过很多次内部提升，这和他优秀的工作业绩是分不开的。在职场上，一个工作业绩优良的人未必总是步步高升，但一个业绩总是不佳的人想步步高升则绝对没有可能。

3. 精心维护的社会关系。文建有一个非常不错的朋友圈子，圈子中有很多不同行业的精英人士。从这个圈子中，文建可以知道自己的不足，朋友们的建议对文建在重要关口做正确决定帮助很大。更重要的是，正是这个圈子中的朋友将很多千金难买的信息告诉了文建，这和文建为人不错、做事不急功近利有很大的关系。就算要离开公司，文建也会站好最后一班岗，这使得他过去的同事和上司对他印象特别好，就算不能一起共事也愿意和他成为朋友。

文建下一步该怎么办？

1. 坚持在成功的轨道上前行，一定要将自己目前的本职工作做好。逆水行舟，不进则退，高层职业经理人要想更上一层楼，首先要保住目前

的位置，而保住目前的位置，首先就是做好本职工作。各位可能认为我说话太可笑，这个道理基层员工都知道，还需要跟高级管理层唠叨吗？我可以负责任地告诉各位，我看到过太多高层管理人员由一个实干家变成一个社会活动家，最后因为业绩太糟糕而被迫走人。

2. 拓展自己的朋友圈子。文建得益于过去建立的朋友圈子，这需要继续保持。但是，坦率地说，随着职位的上升，他的社交圈也需要升级。并不是说将过去的朋友都疏远，而是一定要认识一些更加优秀的人士。我打个比方，如果一个职业经理人需要找年薪20万元的工作，他可能需要将猎头公司普通顾问的建议作为参考。如果他需要了解一下年薪40万~60万元的职位，他则需要一个高级顾问的建议。如果他需要留心的是年薪100万~300万元的职位，他可能需要找到像我这种水平的顾问人员。如果朋友不能和你一起成长，你要学会将事业和友谊分开。

3. 三年内不要受其他工作机会的诱惑。在文建的工作经历中一个大的缺点就是跳槽比较多，当然还没有多到不能让人接受的地步，这对中级经理来说可能不是一个问题。但是，随着职位的上升，平均三年换一份工作则显得太频繁。所以，我认为三年内绝对不能跳槽，三年以后看情况，如果没有特别大的收益也不要轻易考虑换工作。

经理人众生相之聪明失败型

应当说，大多数人和孟百田进行30分钟的交谈就会发现孟百田是一个非常聪明的人。孟百田毕业于国内最知名的大学，能够说一口流利的英语，1993年毕业后就进入了一家知名的日用消费品企业F。可以说孟百田的职业发展开局非常顺利。孟百田加入F企业后由于英语口语不错非常受外籍上司的赏识，在大约两年的时间内已经成为同批进入F企业内晋升最快的员工，薪金也达到每月5000元。这点让孟百田非常得意，他常在同事面前表露出优越感。比较糟糕的是，孟百田和自己的直接上司史感关系非常一般，并在不同的场合表明自己的直接上司史感水平一般，自己更希望和外籍经理（上司的上司）沟通。这些话是否被传出去就不得而知了，反正孟百田和直接上司的关系越来越紧张。

到了1996年，由于公司加快本土化进程，外籍经理回到亚太总部，而孟百田的直接上司则高升一级。这样，孟百田的日子就过得艰难了许多。孟百田认为自己的上司总是在刁难自己，老给自己挑刺儿。但是，平心而论，孟百田的工作也的确有些问题。他喜欢突击干活，可以连续工作两天

两夜，但是平时工作比较懈怠。孟百田喜欢自己拍板，只告诉老板结果。在客户面前，孟百田比较爱出风头，往往让客户误认为他是老板。这和史感的要求完全不吻合，他注重细节和日常管理，喜欢比较内敛的下属，所以孟百田和上司之间的关系越来越差，到最后已经基本上无法共事了。在这种情况下，孟百田决定找一份新的工作。由于孟百田的发展经历非常受新进入中国的外资企业的欢迎，在一家猎头公司的安排下，孟百田顺利地在1997年年初拿到了一家跨国企业G的聘任书，职位是正儿八经的经理。

孟百田兴冲冲地跑到F公司辞职，史感看到孟百田要离开了，对孟百田非常客气，并举行了一次聚餐来给孟百田送行。按理说，平时孟百田和上司之间主要的分歧都发生在工作上，并没有任何私人恩怨。大家借这个机会增进一下感情，应当是一个不错的收场。但是，也不知道孟百田当时怎么想的，可能头脑有点儿发热，在聚餐的那个晚上说了很多非常不得体的话，例如："我终于熬出来了，的确有才就不怕压啊！""过去一年我很不开心，公司也走了些弯路，相信原因大家都清楚。"这些话一说出口，不要说史感的脸色很难看，连其他本来对孟百田有好感的同事都认为孟百田实在太过分。当一个同事试图阻止孟百田说话时，孟百田大声说："你不要以为有史感给你撑腰我就怕你，告诉你，我不吃这套。"话到这个份儿上，本来可以体面收场的聚餐搞得不欢而散。

更令大家感到意外的是，孟百田在工作交接上不知出于什么考虑，总是说半截子话，让和他交接的人云里来，雾里去。总之，他留下的工作给后任带来了不少麻烦，这么一搞，基本上将原来公司的同事给得罪光了。可能他认为自己要大展宏图了，和这些人以后也不会打什么交道了。

孟百田到了G公司以后，应当说他的确希望将工作做好。但是，由于G公司刚刚进入中国，在整体系统建设方面和F公司明显不在一个档次上，孟百田时常在公司讲F公司怎样好，如何不错，自己过去的老板（过去的外籍经理）水平怎样高。时间长了，G公司的人都感觉不太舒服。孟百田做事的计划性依旧没有什么改进，他会心血来潮搞一个“三月尖刀”促销计划，让所有的部门都跟着他忙，也会突然心情不好一两个月什么事情也不做。这样，孟百田和兄弟部门的关系搞得比较紧张，而且，由于孟百田不太注意请示汇报，和他的外籍老板之间的关系也慢慢地紧张起来。在内外压力之下，孟百田在工作了八九个月后就萌生了去意。由于孟百田的简历很漂亮，他很轻松地找到了另外一份工作，薪水还有一定的提高。从他加入G公司到离开，时间还不到一年，而且孟百田又犯了一个错误。由于新公司W要求他尽快上班，他在G公司没有进行太完善的交接（这也和孟百田平时工作系统性差，凡事往往只有他一人知道有关），甚至G公司认为孟百田在经济上有些不清不楚。虽然几年后孟百田坚持认为自己当时没有很好地交接不是

出自本意，经济上的问题更是子虚乌有，然而让孟百田想不到的是，在G公司的职位已经成为他职业生涯的顶峰。

孟百田新加入的W公司是一家不错的跨国企业，孟百田也希望做些事情。在工作了大约两个月的时候，由于W公司调整，孟百田的上司发生了变动。不是冤家不碰头，调整后孟百田的上司就是他在F公司的前任上司史感，孟百田一看到史感心就凉了半截，虽然史感表面上对孟百田非常客气，不知道内情的人以为是老友重逢。紧接着，公司内部就有了孟百田在前一个公司经济上有问题的传言。当公司的人事部门征求史感意见的时候，史感没有过多表态而是建议公司调查一下孟百田在G公司的经历。当人事部门和G公司联系后，可想而知，反馈非常糟糕。这样，在试用期内W公司就和孟百田终止了合同，孟百田失业了。

孟百田在失业后成了面试专业户，他和超过10家大大小小的猎头公司联系过。但是，由于孟百田在两年之内的职业变动实在太频繁，而且心态也有问题，总想找一个薪水更高的职位，所以尽管他先后面试了超过20家公司，但是都没有成功。实际上，有两三家公司对他有意向，但要么因为他狮子大开口，薪水谈不拢；要么是他在简历调查一关中弹落马，反正最后都没有谈成。由于孟百田有些傲慢，大多数猎头公司的顾问人员都不太喜欢他，最后几乎没有人再给他推荐职位了。时间一晃已过去9个月了。

到了1999年年初，孟百田感到实在是太郁闷了，这时正巧通过朋友认识了一个互联网公司的CEO，在酒吧里喝掉两打啤酒后，该CEO邀请他加入公司出任COO（首席运营官）。孟百田接受了邀请并准备将传统行业的经验带到互联网公司。但是，遗憾的是孟百田这个COO只当了不到7个月，这家公司由于种种原因倒闭了，孟百田重新回到了失业状态。

可能是受到了互联网创业激情的影响，孟百田在2000年年初成立了一家小小的贸易公司。可是，这个公司并没有任何核心技术，而且多年的职业经理人生涯并没有给孟百田带来太多做生意的感觉，公司在折腾了大约一年半以后倒闭了，他也因此耗光了全部积蓄。2002年年初，孟百田决定重新回到人力资源市场，此时他昔日的同事许多已升任副总监或总监，这让自傲的孟百田心理上非常不平衡，而他前几年的工作经历又确实不足以支撑他坐太高的位置。又折腾了大约半年后，2002年9月，在一个同事的帮助下，他终于找到了一个企业基层经理的工作，薪水和1997年的水平差不多。他在这个位置上干得不太开心，总是怀念过去的岁月，认为自己太屈才。最近传来的消息是，公司在两年合同期满后不和他续约，孟百田又将回到失业状态……

下面，我对孟百田的职业生涯进行一个概括性的点评。

孟百田为什么不成功？让我们看一下原因:

1. 急功近利。孟百田的耐性非常差，总希望可以一夜成名或者一夜暴富，这让他的心态非常急躁。坦率地讲，孟百田不缺乏爆发力，他缺乏的是能够持续的爆发力。职业生涯本身就是一次马拉松长跑，我们难以想象，在缺乏耐力的情况下如何跑完这场马拉松。

2. 不留后路。孟百田是一个自信的人，总认为明天会更好。他也是一个非常聪明的人，可以在短时间内掌握新的知识和技巧。这本身都是好事。糟糕的是，他实在是有些恃才傲物，对很多东西都太不珍惜。在F公司的时候，如果孟百田最后可以妥善地处理和史感的关系，就不会出现在W公司和史感见面时的尴尬了。世界本来就很小，在不是大是大非的问题面前，不要把事情做绝。在任何情况下，都不要说一些过激的言论，这些可能让你痛快一时的话很有可能让你受害终身。

3. 不能正视现实。孟百田曾经几次长时间地赋闲在家，这对一个职业经理人的职业生涯是一个巨大的打击。从技术层面来讲，我始终建议要骑驴找马，不到万不得已不要杀掉驴来找马。实在有特殊情况，不得不先辞职再找工作也不要失业太长时间。人必须要务实，面临失业的时候不是你吊起来卖高价的时候。人力资源是一种商品，所以不能不考虑供需关系。另外，如果你过去的下属或同事做了你的老板，不要牢骚满腹。在这种情况下，你首先要正视现实，然后再找到差距。最愚蠢的做法就是对抗或冷战。

给孟百田一点儿建议：

1. 心态，心态，还是心态。孟百田首先要调整的就是心态，不要给人一种曾经沧海难为水的感觉。自己造成的损失必须自己埋单。在三年内，孟百田不要和过去的F公司的同事比较，因为前些年大家的发展轨迹不同，可比性不大。

2. 鼓足信心。虽然孟百田的职业发展遇到了很大的挫折，但是他毕竟年轻，而且天赋极好，又是在F公司这样的一流企业开始的职业生涯。孟百田目前的落魄是和过去的一批精英同事以及他过去的高速发展相比而言的，在2002年时，他以三十四五岁的年纪可以拿到年薪十四五万元的收入，这在整个人力资源市场上并不算差。所以，他不需要过度地怀疑自己，几年的弯路经历洗涤掉年少轻狂，对他长远的发展未必是坏事。

3. 修复过去的朋友圈子。坦率地讲，孟百田的为人并不差，只不过过去过于张扬，才导致小矛盾变大。这使得他没有机会和同行精英分享经

验和观点，而且得不到有用的信息和真诚的建议，这大大影响了他水平的提高。我的建议是，他需要放低姿态修复和过去的朋友、同事的关系。这样，他的路才会越走越宽。

经理人众生相之勤奋落伍型

大家看到这个题目肯定会非常惊讶。勤能补拙，这个道理大家都懂，怎么到了我这里成了勤奋的落伍者呢？下面我要讲的是李秦的故事。

李秦的勤奋是出了名的。1992年，一个偶然的机会他进入跨国企业F。当时，李秦已经超过30岁。本来李秦的英文非常差，但是他硬是凭着勤奋在一年内练出了一口标准而且流利的英语。这让老外和同事们都特别吃惊。更令上司感动的是李秦做事十分勤奋，老外提出一些资料要整理一下，第二天早上他就已经把这件事情干完了，他是熬了通宵搞定的。李秦的勤奋终于有了回报，到了1995年，李秦已经成为公司里为数不多的华人管理人员了。而李秦的发展也似乎进入了快车道，1996年上半年，李秦成为销售部的三大骨干之一。而因为李秦的英语比其他两人好得多，可以与不懂中文的外籍总经理直接沟通，实际上李秦在总经理和另外两位销售经理之间起到了桥梁作用，看来李秦离销售总监的位置已经不远了……

但是，李秦也有一些让人不快的地方。他对手下的指导不多，给手下安排的事情非常琐碎。他非常喜欢加班，而且要求自己加班时手下也都不能走，就算你将活儿全部干完了也不能走。如果有些人不吃这一套，那么就会被李秦点名或者不点名批评，而爱加班的下属往往能得到李秦的肯定。这样做的结果是，能够按时完成的工作大家也要拖拉一下。于是，就产生了一个问题：李秦的工作虽然很辛苦，但是他领导的团队效率并不高。更麻烦的是，他的手下非常难留住聪明人。由于他的努力全公司有目共睹，总经理对他也非常支持，他在F公司的发展似乎没有什么大问题。到了1996年下半年，事情开始发生变化，首先是公司的总经理更换了，新的总经理罗布是一个ABC（America Born Chinese，在美国出生的中国人），一个年轻的MBA。罗布对完全的Hard Working（努力工作）不感兴趣，更喜欢看到高效的组织和更聪明的工作方式，而且非常乐于和基层的管理人员进行沟通。这样，李秦和罗布的关系马上就出现了问题。首先，李秦的努力工作在罗布看来只是非常微不足道的优势，而李秦的工作方法不够先进则是一个大的问题。其次，罗布经常和李秦的下属，尤其是李秦过去的下属进行沟通，结果李秦过去的下属对他的评价相当负面，而这些负面的评价全都有凭有据。如此一来，李秦在F公司的日子就比较难过了。

新官上任三把火。罗布在上任不久进行了架构调整，销售系统进行改革，这对李秦产生了极大影响。本来李秦是销售部门的三大主力之一，而且直接向总经理汇报，经过调整，过去直接向总经理汇报的三个人改成两个人，除李秦以外的另外两人同时升职为销售总监。而每个销售总监手下各有5个销售经理（大多数以前都是销售主任）向其汇报，李秦成为10个销售经理中的一个，由过去的直接向总经理汇报变成向过去平级的同事汇报。当然，李秦的职位是高级销售经理，理论上讲和其他的销售经理是不一样的，但实际上没有什么区别。过去向李秦汇报的5个销售主任中则有2人被提升到销售经理的位置。

向过去的同事汇报，和过去的手下平级，这样的调整让李秦非常没有面子。李秦认为罗布是在给自己难堪，因此李秦在工作上难免有一些情绪，开始在不同的场合说一些怪话，但是他依旧努力地工作。抛开个人成见不谈，大家对罗布的安排都十分佩服，原来销售部门的“三驾马车”分工十分混乱，职责交叉，这导致效率低且矛盾大。经过罗布这么一整合，整个安排思路非常清晰，竞争也趋于良性，而且平心而论，销售部门也应该只设立两个总监（渠道完全不一样），实在无法安排第三个人的位置。

罗布进行架构调整3个月后，销量有了爆炸性的上升，销售部门的大多数员工因为可以多拿不少奖金而喜气洋洋。但是，李秦依旧不是特别开心，而且怪话也越来越多。当罗布的改革进行了6个多月的时候，一件意想不到的事情发生了：罗布新提拔的一位销售总监被另一个企业看中，而且开价实在太高，F公司几乎没有办法挽留。碰巧，这位销售总监的劳动合同刚刚到期，所以离职手续办得异常迅速。这样，就空出了一个总监的职位。由于公司内部能坐这个位置的只有李秦，所以所有人都认为这个位置非李秦莫属，就连李秦自己也认为这个位置就应该是他的了。

但是，罗布做了一件谁也想不到的事请，他通过猎头公司从外部引进了一个销售总监，而且让李秦向这个新来的总监汇报。这让李秦感到太没面子了，在新总监到职的第三天就辞职了。经过短暂的交接后，李秦离开了F公司。这时是1997年5月份。由于1997年的市场非常好，李秦非常轻易地就在L公司找到了一个高级销售经理的位置。但是，平心而论，L公司的高级销售经理的含金量和F公司有着巨大的差距。F公司在中国经营多年，在业界名声非常好，F公司的一个主任级别的人出去都能非常容易混个经理。L公司在1996年刚刚进入中国，知名度还不高。如果李秦不是在失业状态下去L公司应聘，到L公司当个总监根本没有问题。但是，一切都不能假设，可能李秦注定和总监无缘。

李秦在L公司的业绩应当说是非常不错的。L公司刚刚进入中国，只

是试点做几个重点市场，李秦做事认真并且身先士卒，极大地鼓舞了士气，可以说李秦在L公司的威信十分高。时间一晃到了1998年，当时人们对MBA十分看好，于是李秦决定也去读一个MBA。可是，李秦认为自己做事太认真，肯定是无法兼顾工作和学习的，所以决定要全职学习，并且决定要到国外去学。我们必须佩服李秦的决心，在没有联系好学校的情况下，李秦不顾公司高层的挽留，毅然拿着商务签证到了美国。当时，李秦一年的薪金已经达到30万元，而在美国不仅没有收入还需要比国内多花费20万元，实际上他一年的成本为50万元。

经过漫长的转学生身份、申请学校和读书，李秦终于如愿以偿地在2001年年初拿到了一所不错的学校的MBA证书。但是，这个时候人们对MBA的狂热已经降温，李秦当时面临两个选择：留在美国找工作，根据移民局的规定李秦可以在美国待一年找合适的雇主，如果找到稳定的工作则可以申请绿卡；另一个则是回到中国。由于李秦没有在美国的工作经验，在美国本土找到合适的工作几乎不可能，在折腾了几个月以后，李秦回到了中国。李秦离开中国的这几年恰恰是消费品行业发生巨大变化的几年。雇主变得非常理性，大多数雇主关心的并不是你是否是MBA，而是你是否有足够的经验，是否能为公司赢利，很多雇主对海归的兴趣也在明显降低。

但是，李秦对这些变化并不敏感，认为自己出国前薪金一年是30万元，如果留在国内三年每年加10%，现在的薪金应该是：30万×1.1×1.1×1.1≈40万元，出国前后的成本大约是100万元，这100万元应该在5年内收回，也就是40万+20万=60万元。所以，李秦开价为60万元一年。坦率地讲，按照当时的行情，出国前一年拿30万元，回来能保持现状就非常不错了，但李秦对此根本不能接受。结果，李秦在5个月的时间内投了超过50份简历并和超过5家猎头公司联系过，最终还是一无所获。最后，由于经济的压力，李秦在2001年年底接受了K公司的聘书，出任大区经理（Regional Manager）。对方给出的价格也基本上是市场价格，大约2万元/月，年终双薪。但是，李秦却感觉自己被克扣，情绪比较低落。

不管情绪是否低落，李秦的工作还是非常努力的，这点K公司上下对他都是认可的，但李秦的一些弱点，例如授权比较差，大事小事一手抓的情况还是比较严重。两方面一抵消，李秦的工作状况算是中等偏上，薪金的调整幅度也不大，也就是每年7%左右。一转眼到了2003年，K公司进行架构调整，将李秦所负责的区域分拆成了两个，同时从外部引入了另外一个大区经理，而引入的大区经理则是过去李秦的老部下张敖。实际上，各个公司不时地进行架构调整也非常正常，引入新的管理人员更是稀松平常。但是，李秦对这件事情非常想不通，眼看自己的势力范围变小，过去的手下和自己平级，而传言张敖的薪金比自己还要高，李秦的

心情因此更加低落。李秦这个人的好处是非常真诚，坏处则是爱说一些怪话，结果是大家都能明显感受到李秦情绪的变化。而张敖则由于李秦在交接上的不太配合而颇有微词，但碍于老上级的情面没有发作。不知道是天灾人祸还是情绪影响了工作，分给李秦的区域不仅没有出现业绩上升的情况，反而连续隐跌，但张敖所负责的区域则稳步上升。2004年年初，李秦的老板决定让李秦和总部的一个非常年轻的初级经理对调职位。毫无疑问，这对李秦来说几乎是逼迫他辞职。2004年9月，李秦终于决定辞职并移民。

对于李秦的经历，我们也可以做一个比较全面的分析和评价。

李秦为什么不断地走下坡路？我们看一下原因：

1. 不能够与时俱进。李秦的认真和事必躬亲在做基层管理人员的时候是一个非常大的优势。但是，随着职位的上升，继续这样做则会导致缺乏全局思路和不能授权的缺陷。这样的直接结果是，手下不能成长，自己的工作也力不从心，让上司容易考虑找人“分担”李秦的工作而不是给他晋升的机会。现在的社会，是处于十倍速度前进的年代，过去成功的经验很容易成为日后的包袱，职场上最忌讳的就是“刻舟求剑”。

2. **放弃既得利益。**李秦绝对不是绝顶聪明的人。李秦成为跨国企业最早的华人经理很大程度上靠的是机遇，在这种情况下李秦选择用完全脱离市场两年多的时间去读书肯定是错误的。而事实上，这几年也正是能人辈出的几年，等到他回来的时候，市场已经将其遗忘了。他当时应当考虑读一个在职的MBA。

3. **太要面子。**我并不是说要面子不对，但万事都有一个限度。李秦过于重视面子，一旦出现平级的同事升迁为自己的上司，或自己的下属和自己平级就会觉得面子上挂不住，而面子上一挂不住就容易闹情绪，结果只能祸不单行。实际上，大家在职场上机遇不同、优势不同，晋升速度不同非常正常。过去的下属就算成了自己的上司也非常正常，我们需要有一颗平常心，而且需要比较客观地看待这个问题，看一下自己究竟哪些地方需要改进，这才是正确的处事之道。

4. **不能正视现实。**李秦在很多时候比较意气用事，比如容易因冲动而辞职，因对形势不满而发牢骚，这些都是职业经理人的大忌。很多时候，问题已经发生了，我们只能考虑如何将损失降到最低，而不能过多地抱怨和舔伤口，否则只能将问题搞得更加复杂。李秦在F公司和K公司遇到架构调整的时候都不太冷静，过多的牢骚只能引起公司高层的不满。而在读过MBA后，他对薪酬的期望明显超出市场承受能力，导致待业接近一

年，白白损失几十万的工资收入。

给李秦一点儿职场上的建议:

1. 不建议长期滞留国外。李秦最大的优势是勤奋，最大的缺点则是方向感差。我不认为李秦在国外无法生存，但是我不相信一个40多岁的人可以融入国外的主流社会，我更不相信李秦可以在国外成为职业经理人。对一个职业经理人来讲，这好比演员没有了舞台，李秦目前至少还可以工作15年，到国外养老太早，而适应国外的工作环境则年纪又太大。

2. 调整心态，给自己准确地定位。李秦的职业发展虽然遇到了一些挫折，但是还远远没有到山穷水尽的地步。平心而论，李秦的管理基本功相当扎实，多年职业经理人的经验也不是很多年轻的精英分子短时间内可以学到的，李秦应该把自己定位为一个老成的资深销售经理。要有这样的认识：并不是每一个人都能成为总监和总经理的。

3. 选择能弥补自己缺陷的上司，选择需要自己工作经验的公司。李秦缺乏全局思维这一点是肯定的，但是，李秦的前线管理水平非常高。而且，李秦比较要面子，对上司比较粗暴的指令非常反感。根据我的判断，你很难让一个超过40岁的人进行全面的改观，所以李秦需要一个能够弥补并容忍他的缺陷的上司。同样，李秦最宝贵的绝对不是他的应变能力（我相信他在这个方面不是特别有天赋），而是他长达十几年的宝贵的工作经验。李秦需要将自己的经验卖给最需要的雇主。

第七章

别不信，这就是江湖

壮士解腕

猎头和其他管理咨询服务有很大不同，大多数管理咨询是只要东西做出来了，客户就必须付钱。而猎头的话只要推荐的人不上班，就只能弄点儿定金糊口（这年头连弄定金也变得困难了）。所以，大多数猎头公司都极其渴望客户大量招聘高管，并且游说客户尽快下决定，甚至故意隐瞒真相。我理解这种做法，但我并不苟同。在我创立公司的时候，我就下定决心，科特杰必须是一个敢于说实话的公司。

几年前，我们接到了一单不错的生意：替一个外资企业B公司招聘一位销售总监。由于我和这家公司的总经理尼克比较熟悉，所以大家的合作开局非常顺利。我们很快寻访了大约20名候选人，并筛选出了3个合适的人选。一切看上去都在向好的方向发展，但是令我们意想不到的事情发生了……

B公司忽然面临架构调整，所有的位置都要冻结两个月。这个消息刚传出来，尼克就亲自给我来了一个电话，他希望我们能够理解，并且他希

望候选人能够等一下。发生这种事情对我们来说是典型的天灾，我们绝对理解客户的处境，问题是我们的候选人不见得理解我们。果不其然，当我们的同事和3位候选人沟通以后，虽然大家表面上都表示理解，但反应都比较冷淡。很多公司的架构调整往往说是两个月结束，实际上半年都结束不了。而很多职位说是暂时冻结，谁又说得清是不是永久性的取消呢？

漫长的两个月过去了，B公司的架构调整居然按期结束了，这个职位也重新开始招聘了。这的确让我们惊喜。但遗憾的是，我们推荐的3个候选人中有1人已经明确表示不考虑我们所推荐的职位了，而这个候选人偏偏是我们也是客户最看好的。还好，剩下的两位——冯元和汤姆参加了面试。经过两轮面试，B公司选择了冯元。的确，冯元的背景非常漂亮，有超过1年的类似销售管理的经验，而且有两年的海外工作和学习的经验。另外，冯元反应非常敏锐，对我们的同事也非常有礼貌。当我们的同事深夜和他在酒店见面的时候，他对占用我们的业余时间表示歉意，并坚持支付大堂吧消费的费用。应当说，冯元就是我们要找的人了，我们的同事也非常高兴，毕竟这算得上一个有不少回报的项目。

但不知怎么回事，我个人总感觉有些不对劲。在一次项目会议上，我让同事将冯元仔细介绍了一下，我也仔细看了看冯元的详细资料。根据同事的汇报，关于冯元的简历调查基本上都是正面的，真实性没有问题，调查对象对他的能力评价也都还不错。看来是我多疑了，我松了一口气。忽然，我想起我的一个朋友杰森在9年前服务的企业和冯元所服务的企业是同一家，于是我马上和杰森通了电话，寒暄以后我“不经意”地谈到了冯元。杰森也没有多想就告诉我冯元这些年发财了，我吃了一惊，但还是平静地问究竟发了什么财。杰森告诉我，冯元开了几家贸易公司专门做自己公司的生意，结果发得一塌糊涂。不过，冯元所服务的公司就惨了一点儿，生意受到的影响很大。所以，冯元每几年就必须要跳一下槽才行，否则根本待不下去。不过，冯元跳槽都是在行业内，而他的几家公司过不了多久又会代理他的新东家的产品。我对杰森说，现在各个公司管理得都这么严格，这怎么可能？是不是道听途说？杰森很肯定地告诉我，绝对不是。冯元自己的公司的法人代表是他的表哥，在股份结构上和冯元一点儿关系也没有。实际上，冯元的雇主不是没有怀疑过这个问题，去年就做过调查，但是一点儿也查不出来。而所有的业务经理都是跟随冯元多年的老部下，更不可能配合洋人的调查。我问杰森：“哥们儿，你怎么知道得这么详细啊？不会看人家升得快嫉妒吧？”杰森的回答让我更加吃惊，他说：“老王，我当你是朋友才告诉你的，消息绝对可靠。三年前我在家休息过一段时间，帮助冯元管理了几个月公司，他的表哥能力实在太差，根本就是傀儡。所以，这些情况我比谁都清楚！不过，说实话，冯元做事实在太狠，很多坑东家的事情干得太狠，我是看不下去了，他的职业道德简直是

零。否则，以冯元那么聪明的人业绩怎么能差成那个样子……对了，你们也不要找冯元目前所工作的公司做什么调查了，没用！冯元最擅长用小恩小惠拉拢人，下面的人肯定说他好。上面的人都知道冯元在找工作，都希望他马上走，更不会告诉你什么。况且我说的事情他们也没有任何证据，他们敢说吗？”

放下电话，我神情黯然，真是学无止境，我本来以为我们的简历调查系统已经非常科学和完备了，现在才发现漏洞这么大。我们的简历调查系统是参考国际知名猎头公司建立起来的，但是，这些真的有用吗？实际上，狡猾的人非常容易蒙混过关。当然，我们马上会面临一个更加痛苦的选择，告不告诉客户？如何告诉？我们目前没有其他备选人，我们下一步该怎么办？考虑了几分钟后，我决定将真实的结果告诉负责这个单子的同事，然后我亲自给客户的总经理打了一个电话，将我所知道的情况告诉了尼克。当然，我告诉他这些都没有任何证据，但是出于职业道德，我觉得我有必要让客户知情。同时，我也向客户诚恳地道歉。电话的另一端，尼克非常沉默。等我说完以后，尼克缓缓地对我说："戴维，你的信息对我们帮助很大，我们不会考虑录用冯元了。你也不需要道歉，我们很清楚Reference Check（简历调查）不是万能的。当然，我们希望你们以后可以更加细致一点儿。但是，我也有一个不算太好的消息要告诉你，如果冯元不能来，我们将内部调动一个人选，很抱歉我们不可能再给你们时间了。我们进行架构调整已经耽搁了两个月，所以不能再等了。”我平静地告诉尼克：“这是我意料之中的事情，只要客户可以原谅我们的过失，我们就很高兴了。”尼克对我的态度感到有些吃惊，毕竟这个项目我们没有收任何定金，一旦推荐不成功则意味着我们在这个项目上颗粒无收，而推荐成功则意味着可以获得20多万元的佣金。尼克说：“以后再合作。”然后我们就结束了通话。

猎头公司的从业人员时常面临各种诱惑，能否抵御各种诱惑的确太重要了。在没有利益冲突的时候，大家可以非常潇洒地谈职业操守，但是，当出现诱惑的时候才是真正考验人的时候，尤其是在只要你不说，其他人永远没有办法知道真相的时候。我们损失了一笔生意，而且是冒着失去客户的风险，但是我不后悔，毕竟我们真正诠释了职业道德和操守的定义。

江湖潜规则

首先，我要声明，这个案例不是来自我们公司的，而是同行和我分享的。

A公司是一个在业内非常有影响力的公司，由于在中国的业务发展十分顺利，中国区在整个集团内部都非常有影响力。这导致A公司的

人在市场上自我感觉都非常好，感觉好是一件好事，但过分了就会出问题。

实话实说，A公司的销售人员的水平非常不错，这也是A公司赖以生存的本钱。和销售人员相比，A公司的人力资源部门明显偏弱，这导致了A公司在招聘方面总是问题不断。然而，A公司的人力资源部门有个毛病，不管在公司内部多么弱势，出去都特别强硬。强硬到什么程度呢？他们的一个有三年经验的专员可以挑战某顾问公司的高级顾问，而这位高级顾问在做咨询行业前已经做到了某大公司人力资源总监的位置。很多顾问公司看在钱的分儿上还是和他们合作，但毫无疑问都特别不爽。A公司还有一个特别奇怪的习惯，他们的人力资源部门绝对不允许提供服务的猎头顾问人员和他们的用人部门接触，但这个人力资源部门往往又不能清楚地描述要招聘的职位的详细要求，这导致了很多职位时常一年都招不到人。我们的一个同行B是A公司的顾问公司，时常要处理这样的问题，感觉特别郁闷。

前一段时间A公司要招聘一个副总监，这个职位前后已经招聘了大约一年了。B公司也不好怠慢，根据A公司的要求先后推荐了5个人，最后只有一人进入了第二轮面试，但也马上阵亡了。至于没有通过的原因，B公司一无所知，于是赶紧和A公司的招聘部门探讨，得到的反馈没有任何意义。对方的答复非常泛泛，只说推荐的人还是不够强，如果经验再多一点儿就好了，诸如此类。B公司负责这个项目的高级顾问向潜非常气愤，向公司提出不想再跟进这个客户，但要求没有被批准。这种客户是一个烫手的山芋，你向潜不跟进谁跟进呢?

一个偶然的机会，向潜和我在一个聚会上碰见了并和我谈起此事，他大谈工作艰难，自己准备改行。由于我对A公司有些了解，所以我马上给了向潜几个建议：首先，停止和A公司人力资源部门进行无谓的争执，这不但浪费时间而且影响心情。其次，根据我所了解到的，A公司的销售总监克里斯，也就是这个副总监的直接上司正在读某大学的EMBA。我建议向潜去参加这个大学的一些推广会，克里斯应该也会出现，向潜可以假装意外碰到他，然后和他就这个职位的招聘问题交流一下。向潜听后表示感谢，并说了一大通客气话。A公司的事我也没有放在心上，毕竟也不是我们的客户，我们和B公司在这个单子上不存在竞争，互相帮助一下总没有坏处。过后，我几乎把这件事情忘记了。

两个多月后，向潜给我来了个电话，他说多亏了我，并说一定要请我吃饭。我忙说“别客气”，并问究竟发生了什么事情。向潜告诉我，果然他在推广会上见到了克里斯，而且聊得非常好。克里斯知道向潜在做这个项目的时候，连说了几个“请帮忙”，和A公司招聘部门的态度比起来不知道要好多少倍。而且，经过交流，向潜发现A公司的招聘部门对这个职位完全理解错了，自己推荐的5人中有2人实际上是非常合适的，但是都被A公司的招聘部门淘汰出局了。向潜就这两个人和克里斯沟通了一下，克里斯也认为这两个人非常合适。不过，克里斯还是表示最好与招聘部门交流一下。周一一上班，向潜就马上和A公司的招聘经理庄从名联系，并希望他们重新考虑这两个候选人。但不知道是说话的分寸没有把握好，还是其他原因，庄从名非常傲慢地拒绝了，并告诉向潜不要偷懒，要马上继续推荐其他人，还说自己的判断比向潜准确得多。被气晕了的向潜绵里藏针地说，见这两个人是克里斯的意思。庄从名当时就愣住了，可能是实在太敬畏克里斯，庄从名在两天内就安排了面试。这次面试的效率出奇地高，在象征性地进行了第三轮面试后，一个候选人马上被录用了。但是，据说克里斯不轻不重地批评了庄从名几句，诸如不要想当然，工作要更认真，等等。庄从名心胸本来就不开阔，因此恨死了向潜。他马上抓住向潜犯的一点儿小错（将一个候选人的离职时间搞错了1个月，实际上这根本称不上是错误），反复宣称这是诚信问题，甚至给B公司发出了正式函件要终止合作。

听到这里，我问向潜："天哪，那你还要请我吃什么饭啊？"向潜平静地回答："我已经辞职，不做这个行业了，我本来就是做销售的，现在我还回去做销售经理。"我说："等一下，你不会是去向克里斯汇报吧？"向潜笑了一下，说："克里斯提过，而且希望我能做高级经理，并主抓公司销售部门的招聘工作。不过我拒绝了，因为和A公司人事部的关系搞得太僵了，但我现在要去的公司也不错。总之，非常感谢您对我的帮助，您让我在离开这个行业时没有什么遗憾……”

听了这些，我不知道如何形容我的心情，也不知道我究竟给出了一个正确还是错误的建议。或许，世界就是这样，这就是江湖。

刀口舔血

我们和N公司合作已经很久了，基本上属于平稳合作。说到原因，我认为应该不在我们，而在N公司。N公司的效率比较低，很多决策的周期非常长，而N公司所在的行业又是一个竞争非常激烈的行业，这导致做成生意的难度很大。我们的同事私下里评论，这种客户属于最难做的客户之一。

不过话又说回来，现在好做的生意也不多，我们和N公司的生意基本上也能勉强维持，礼节上还需要不时地拜访一下。在一次例行拜访中，我们负责这个项目的同事弗兰克见到了N公司的外籍技术总监里森。在交谈中里森对招聘效率感到万分头痛，但是公司的流程不是他一个人可以改变得了的。他询问是否有一种方式可以加快招聘速度，弗兰克经过考虑就提出了我们可以帮助他们举行一个专场招聘会。这种任务对我们来说的确没有什么难度，由于我们都操作过类似的项目，这看上去更像是一种对以往的重复。但是，弗兰克当时万万没有想到，这几乎是一个刀口舔血的决定。

谈到这里，我要将N公司的背景讲一下。虽然N公司所处的行业竞争非常激烈，但是竞争对手并不太多，其中最有竞争力的是H公司。我们挖人的首要目标正是这家公司。在这样的专场招聘会上，一场就有200多人参加。如果一个公司偷偷摸摸地面试另一个公司的几个人，对方可能不会察觉。但如果对方的100多人同时在接受你的面试，对方不跳起来才怪呢！更要命的是，H公司是一家非常强悍的公司，他们自己都整天在别人家门口挖人，你要到他们家门口挖人，那简直是与虎谋皮！而他们又特别善于打非市场化的擦边球，得罪他们肯定没有什么好下场。其实，我们也曾经和H公司合作过，效果非常差。他们实际上是让我们做免费的市场调研，扮演炮灰的角色。实话实说，我们对H公司有不少意见。但是，我们不会借这次机会去整治他们，我们不想搞出任何对自己不利的事情。可是，我们是雇佣兵，我们的使命就是要为客户服务，因此，这次得从N公司的利益出发。现在，摆在我们眼前的是一个两难的选择：第一，如果效果差将得罪客户N公司，反而会弄巧成拙；第二，效果太好，而H公司来“踢场子”，随便找个碴儿恶心我们一下，这样我们就更无法收场了。

当时我想，如果N公司最终没有同意我们的建议，那我的担心也就多余了。但是，不想来什么就来什么，N公司这次的效率出奇地高，他们很快就同意了这个建议。看来，就算不想赚这笔钱也不行了，只能豁出去了。猎头就是雇佣兵，不违法的就是合法的，只得明知山有虎，偏向虎山行！我们马上对这个项目做了安排，地点就选在离H公司门口不远的地方，反正这次肯定要和H公司为敌了，我们决定不再遮遮掩掩。我们在周四、周五派发宣传单，周五下午将宣传海报挂出，周六举行会议。为了减少麻烦，我们将会议称为“技术研讨会”，事实上面试的确需要研讨技术。如果你的技术不过关，能聘用你吗？而且我们做了两个特别的安排：第一，所有派发传单的人都不是我们的人，我们将其外包给了别人，这样，就算H公司通过各种办法将人扣下也抓不住我们的把柄；第二，我不参加这个会议，整个项目由弗兰克和另外一个管理顾问杰森来指挥。这样，一旦H公司的人找上门可以有个回旋的余地，而且H公司的很多人我都认识，见面了大家也挺尴尬……

活动开展得非常顺利，接到我们的通知的人对这个“技术研讨会”都挺有兴趣，我们的同事都非常高兴。正在这当口，意料之中的事情发生

了。H公司的人找上门了，他们的电话让我们的同事根本招架不住，而且H公司的很多人都认识我，所以他们一定要和我通话。看来躲已经来不及了，我主动回了一个电话。坦率地说，和我通话的郑重还是一个比较讲道理的人。我和他很客气地寒暄了一番，然后直奔主题。首先，郑重表示N公司的做法太无聊。他问我："这么无聊的事情你知道吗？"我说："我也是才知道（我的确才知道，因为刚刚知道就开始筹备了）。"郑重问："你们为什么要接这种任务？"我说："我们是一家经营招聘事务的公司，这就是我们的业务啊！就算我们不做，N公司也可以找另外的公司去做（不过效果可能就没有我们的这么好了）。"郑重问："那些派发传单的是你们的人吗？"我说："绝对不是，我可以担保（我们的外包方请的人，当然不是我们的人）。"郑重问："这件事情你怎么看？"我说："我觉得不是太好，所以我不参加。"郑重最后问："王总，愿意做我们的生意吗？"我平静地回答："郑兄，目前存在利益冲突，不便考虑。有机会我们再看吧！"郑重对我的回答基本上还是比较满意的，我同时给了郑重两个承诺：第一，在任何情况下不发表攻击H公司的言论；第二，我们尽可能多通过其他渠道找候选人，不将H公司当作唯一目标。我做了这两个承诺，也信守了我的承诺。

大家肯定都想知道结局。最后的结果是，H公司虽然采取了相应的对策，但是也没有太过激的行为，我们的很多防范措施基本上也没有用上。

N公司的招聘效果非常好，这可能是他们这10年来最成功的一次招聘。我的同事弗兰克、杰森和团队的全体伙伴都表现得很好，我非常满意。需要特别说明的是，有一件小事让我们特别震撼：当H公司的两个人接到传单的时候，一个人表示要参加，去看一下，至少可以白吃一顿自助餐；而另外一个人则当即说："我不去，希望你也别去，一顿自助餐就将你收买了吗？"看得出，这不是玩笑，这是对公司的一种忠诚。我相信，正是有这种人在H公司大量存在，H公司才能蒸蒸日上，这就是他们的核心竞争力。坦率地说，如果我是投资人的话，让我选择H公司或者N公司，我将毫不犹豫地选择H公司。但是，我不是投资人，我是一个提供招聘信息和咨询的公司的总裁，我清楚自己的角色。我们存在的理由就是为客户服务，可能这正是一种雇佣兵的无奈吧。

灰暗的胜利

我们在几年前开发了一个新客户，这是一家欧洲公司。这个客户在和我们合作了一段时间后就给了我们几个项目，其目标位置都是经理和助理总监。我本人没有亲自参与具体项目，也没有和这个客户见过面。根据我们同事的反馈，这个客户没有任何特别的要求，更没有棘手的地方，对方

的联系人刘成曼女士是一个非常优雅和通情达理的人。由于他们给出的岗位职责非常明确，我们对职位的定位没有太大偏差。整件事情看起来和我们做过的其他案子没有太多区别，似乎我们可以轻松完成这几个项目了，同事向我汇报时非常乐观。

好消息真是一个接着一个，我们推荐的候选人很快就得到了面试的机会，从反馈中我对这个客户充满了信心，因此几乎没有再特别关注。不知不觉间，3个月过去了，对方面试超过了7人，却没有一个候选人拿到录用通知。我感到非常奇怪，便坐下来和我们的同事进行了一次详细的回顾。

根据回顾，我得知对方交给我们的3个职位，分别需要向两位香港总监汇报。我们总共推荐了11人，一个职位推荐了5人，其余两个职位各推荐了3人。对方面试了11人中的7人，并二次面试了2人，但目前全部没有答案。令我们奇怪的是，二次面试的2人全部是我们认为管理能力最弱的。二次面试的面试官是一个不明国籍的白人男士，应当是客户的总经理。

对方的人力资源经理认为我们推荐的所有候选人都不错，但是，对我们问的所有问题都回答得非常笼统，从她那里我们几乎得不到有帮助的信息。

候选人反映客户的人力资源经理几乎不问任何问题，面试形同虚设。用人部门的香港籍总监问的问题非常仔细，也非常客气，但是对细节的执着有些过分，所提出的问题更像是面试工程师而不是经理。而第二轮面试的“鬼佬”问的问题更像是面试总监。

根据上面的内容，我隐约感到不妙，我感到我们可能陷入了一场办公室政治的旋涡。为了处理好这个问题，我决定亲自去拜访客户，毕竟我的工作经验更加丰富一些。事不宜迟，我的同事很快和对方确认了第二天下午见面。为了更好地了解刘成曼，在拜访前我详细了解了刘成曼的经历。刘成曼做了超过4年的秘书，然后转做人力资源专员，经过了长达7年的奋斗后，刘成曼晋升为人力资源经理。刘成曼的工作经历非常简单，在11年的职业生涯中只换过一次工作。

第二天，我们如约前去拜访刘成曼女士，在等了大约50分钟后，我们终于见到了刘成曼。说实在话，我心中有些不快，作为有首席顾问参加的拜访，客户一般都比较重视，让我等超过10分钟的都不多。而且，就算让我们等一下，一般都先出来打个招呼然后再让你等。像这种一句话不说让我们在前台等50分钟，的确有些不可思议。见了面后，刘成曼倒是马上道歉，我们也只有表示无所谓了，但是直觉告诉我刘成曼的时间管理意识很差。我们在客套了几分钟后就慢慢地进入了主题，谈话的气氛变得非常

融洽，我们试图了解一些深层的原因。刘成曼说话也没有太多遮掩，她告诉我们，他们公司对人力资源部门不太重视，人力资源部门的意见也不太被采纳，所以她认为她是否面试候选人都无所谓，直接丢给用人部门就行了。刘成曼还抱怨她的直接上司是一位外籍华人，大多数时间不在中国，但他又是这个公司的人力资源总监，这让她的工作很难开展。我对她的抱怨表示理解，并替她鸣不平，但在心里却暗暗叫苦，这是什么事啊！当我们询问候选人的情况时，刘成曼安慰我们说，不要急，我们的表现已经是所有猎头公司中最好的了。他们合作的猎头公司总共有6家，推荐速度最快的就是我们。如果不是我们前段时间的推荐，她都不知道如何向老板交代。我假装不经意地问了一句：“这些同行怎么能这个样子，为什么不推荐人呢？”刘成曼随口回答：“可能前一段时间都赚不到钱吧。”我当时心想，这个客户十有八九有问题！但是，我还是若无其事地谈论其他问题。我知道，如果我直接追问敏感数字，刘成曼即使再没有城府也不会告诉我。过了一会儿，我和刘成曼聊起同行，我随口说：“某某公司的招聘水平实在是高，那么大一个公司去年一年花在猎头上的费用才9万元。”刘成曼立即就接茬儿说：“哎呀，我们比他们还要低，我们去年在招聘上几乎没有花掉一分钱。”我当时一听就倒吸一口凉气。好了，这就是我要问的答案了，这个客户看来绝对不能长期做了，而现在的问题是如何收场。

我和刘成曼聊起他们公司的运作，刘成曼告诉我他们公司正在推行本土化，但是这个计划实施了两年，总找不到合适的人，所以本土化没法进行。为了证明自己的观点，刘成曼说他们总共面试了超过80个经理级别的候选人，但只录取了3人，其中2人没有过试用期就走了。因此，现在都是香港的总监兼任经理的位置，实际上他们公司总监和经理的职责几乎重合。到了这时候，答案越来越明显。很显然，他们的香港总监根本不希望找到合适的人选，找到合适的人选意味着自己可能被取代（这个公司已经在几年前关闭了香港办公室），谁会愚蠢到自掘坟墓呢？所以，面试仅仅是走一个过场应付公司的对策而已，这也就解释了为什么第一次面试和第二次面试的面试官所问的问题根本不是一回事。这些问题是客户深层的问题，根本不是一个猎头公司所能解决的。我们在不知不觉中被卷入了旋涡，但这些事情我们又根本无法和刘成曼女士说，我们也不想吓着她。

但是，我想不管怎样总得最后尝试一下，我问刘成曼："你发给用人部门候选人报告的时候抄送给你们总经理（就是那位白人男士）吗？"刘成曼回答："不，如果这样做属于越级。"我问："如果你们的总监（两位香港男士都是公司不同部门的总监）不在，怎么办？"刘成曼回答："他们一般不会长时间不看邮件，除非是休假。在他们休假时，重要邮件可以直接发给总经理，但一般都是等到总监回来再处理。下个星期二一个部门总监常有利开始休假一周，你们给他们部门推荐候选人的速度可以放缓一下。"听到这里，一个大胆的计划已经在我心里形成。经过几分钟客套之后，我们握手告别。

回到公司，我马上和负责这个项目的同事开会，将我对这个客户和项目的分析与他们分享，总共有四条。

第一，这绝对不是一个好客户，至少从目前来看，我们需要战略性撤退，即不能再将太多精力放到这个客户身上。毕竟，咨询行业的共同规则是Consulting for Cash（咨询换现金）！

第二，我们争取在撤出前完成一个委托职位，这样至少可以不浪费前期的调研费用。

第三，刘成曼女士不是一个坏人，但是她对管理层没有影响力。她是一个容易被别人影响的人，而且时间观念不强。

第四，能否完成这个项目的关键是解决总监和总经理双重标准的问题。

会议一结束，我们就按部就班地行动起来。星期二上午9点我们将早就准备好的候选人报告发给了刘成曼。我们在邮件里特别提出这个候选人还在谈另外一个公司，需要尽快做出反应。邮件刚刚发出，我们就打电话给刘成曼，告诉她这个候选人最多能够等5天，否则可能就不考虑这份工作了，我们建议能否让总经理先面试一下。刘成曼犹豫了一下，表示明天答复。依照刘成曼的办事效率，我们估计明天是肯定答复不了的。星期三早晨，我们的同事主动打电话给刘成曼。果然，刘成曼还没有问总经理，她说她实在太忙了，忘记了。我的同事礼貌地询问是否可以下午给个回复。刘成曼表示可以在下午4点前做出回复。挂断电话后，我们的同事实际上也不相信她下午能做出答复。下午4点，我的同事又准时给刘成曼打了电话，询问进展情况，刘成曼显得有些歉意，她表示自己已经将材料发给了总经理，但是还没有跟进。毫无疑问，她肯定又忘了下午4点前给我们答复的承诺，不过刘成曼表示她放下电话马上就跟进。星期四上午，刘成曼主动打电话给我们，说总经理同意面试，问是否可以安排在下个星期一。根据我们事先定好的策略，我的同事表示一定要安排在这个星期。经过协调，面试时间最终定在星期五下午2点，和我们所预料的一模一样。最后，我们的候选人和客户的总经理谈得非常投机，甚至在结束谈话的时候确认了意向性薪金。

后来，本应星期二结束度假的部门总监星期一就回到了公司。根据刘成曼反馈给我们的消息，常有利对这个面试感到非常吃惊，但在总经理的催促下，他还是象征性地面试了我们的候选人。虽然常有利提出了很多不

同意见，但是在总经理的坚持下，最终给我们的候选人发了聘书。终于，我们赢得了这个项目的胜利。但是，我始终认为这是一个非常灰暗的胜利，这个胜利没让我有太多成功的喜悦，相反使我有一种非常郁闷和压抑的感觉。我不希望我们有太多这种胜利，我也不希望科特杰卷入太多这样的旋涡，但我们需要发展和生存。我可以肯定的是，类似的案例不会是最后一个。我希望这种胜利可以越来越少。

下面，我将对这个事件的反思和各位分享一下:

1. **没有免费的午餐。**越是看起来顺手的项目越可能暗藏危机，如同路边的桃子不甜的道理一样。为什么？如果甜而且这么容易获得，早就被人吃光了。请不要掉进小本博大利的陷阱。

2. **要敢于放弃，但是放弃也要有章法。**俗话说：害人之心不可有，防人之心不可无。很多时候，害你的人并非心术不正，而是不自觉地将你给害了。风向不对的时候，该撤退就得撤退。但是，撤退也要有章法，没有章法的逃跑可能造成更大的损失。我们要主动地、有计划地进行战略转移。

3. **送给企业的建议。**如果贵公司的职位总是找不到合适的候选人，我建议要从自身方面找原因。我想，案例中的那个客户的总经理肯定以前很纳闷：“怎么中国就没有能人啊？！”实际上，人性在自我保护的时候会表现得非常阴暗，而高层管理人员可能过于相信自己的下属而被误导。我强烈建议，企业的高层人员遇到比较奇怪的事情时多问几个为什么，而重要的供应商和客户一定要亲自见一面。所有的企业，都应该防止出现“武大郎开店”的倾向。

短兵相接

作为挖人的“帮凶”，我们时常参与一些备受争议的人才战争。我认为，很多企业最大的问题在于成为战争的被攻击方，却没有丝毫的防备，对手磨刀霍霍，自己却歌舞升平。

我将我们的一些“战果”和大家分享一下。

我们为一个客户直接找了竞争对手的销售总监，而他们的竞争对手几乎没有任何反应和反击，我们轻易地把这位总监搬了家。后果是，客户的竞争对手所有的机密成了废纸，在一年内损失了超过9%的市场占有率。

一个IT公司的研发总监居然和公司没有签署任何竞业条款，我们轻易地将其“卖”到了竞争对手那边，结果导致其竞争对手用了不到10%的预算提前发布了产品，而这个IT公司目前几乎陷入绝境。

一个总工仅仅为了不到15%的薪水升幅跳槽到了竞争对手的阵营，结果，3个月后竞争对手推出了和总工的老东家同样的产品，而他的老东家为了研发这款产品花了3年的时间!

类似的案例我随手可以找出一打!

下面，我再和各位分享一个刚刚发生的故事。

林冲在A公司工作已经好几年了，作为总工，他帮助公司推出了不少产品。A公司是一个人才储备特别差的企业，除了林冲基本上没有什么人能挑起技术上的大梁。A公司的底薪不高，林冲的底薪大约只有4000元，但他可以从新产品方面分一些红，每年大约5万元。林冲是一个没什么野心的人，对于每年大约10万元的收入他甘之如饴。由于林冲的公司所在的行业比较窄，基本上，产品决定了企业的发展和生存。2006年，林冲主持研发出了一款完全可以和国外同行媲美的产品，一下子A公司在行业内脱颖而出了，林冲似乎也要开始多赚些钱了……但A公司的老板王伦似乎不这么想，他认为企业发展得好关键是自己比较英明，而且他认为林冲过去的分红比例太高，现在是时候降下来了，每年10万元收入就不错了。毫无疑问，林冲非常不认同，他认为自己被利用了，分红可以少一点儿，但不能少太多。双方较量一通后算是达成了协议，分红降低大约20%，且要分几笔兑现，2006年的分红要在2007年7月才能兑现完。这次较量的结果导致林冲对A公司的归属感很差，在新产品研发上也有些怠工。

站在客观的角度上看，A公司老板王伦做了一件非常愚蠢的事情。林冲是公司的核心员工，控制公司的核心技术，但是对公司有不少怨恨。林冲没有一点儿股份，分红不但降低了而且又被拖欠，不满是肯定的。与此同时，王伦根本没有第二个人可以替代林冲。打一个不恰当的比方，这是将全部鸡蛋放到一个篮子里面但篮子是破的。

A公司的竞争对手B公司和A公司相比本来是老大哥，由于2006年A公司的崛起，B公司马上变成了小兄弟。B公司感觉到了自己在产品上的差距，希望找一个研发总监。他们找到了我们公司，经过协商，我们很快就开始了合作。在项目开展一个星期后，我们就找到了林冲。负责这个项目的顾问凯文很快发现，林冲就是客户要找的人……

当B公司知道我们找到林冲以后反应有点儿冷淡，他们认识林冲，但认为他在A公司肯定有股份，这种人怎么挖得动呢？而且，在一些展会上他们见过林冲，认为林冲是非常高傲的人，肯定看不上他们。所以，B公司还是建议我们找国外的同行。

客户不总是对的，但是我们肯定要尊重客户的意见。我们的几个同事跑到B公司和他们一起开了个会，我们提出："如果能挖动林冲，你们愿意接受吗？"他们回答："当然愿意。"我们提出："国外同行的研发部门不在中国，如果请老外，你们可以接受吗？"他们回答："最好不要，这是最差的选择。"这样看来，我们还需要和林冲接触。

林冲这个人一心致力于研发，对外界了解甚少，甚至不知道猎头公司是干什么的。而且，他是一个提防心非常重的人。我们的同事花费了很长时间才和他解释清楚猎头公司是干什么的，并表示仅仅想和他交个朋友，他才勉强同意在离他们工厂门口不远的一个饭店见面。我们的顾问凯文在和他见面之前在网上查过他们这个行业的资料，算是找点儿共同话题。双方前两个小时基本上都是谈他们行业内的事，渐渐地林冲没有了戒心，不久就到了吃饭的时间。林冲邀请凯文和他共进晚餐，两杯酒下肚，林冲打开了话匣子，毫不掩饰自己对公司的不满。当凯文委婉地询问他是否有股份时，他愤怒地说："奶奶的，还股份呢，老子的奖金还被拖着呢！如果不是奖金的问题，老子早就不干了。”当凯文问起他对B公司的看法时，没想到林冲对B公司出奇地了解，对B公司的设备状况更了如指掌，看来世界的确很小。林冲认为B公司的基础条件比A公司好很多，A公司总舍不得购置设备。当凯文提出林冲是否可以考虑加入B公司时，林冲说这取决于两点：第一，A公司拖欠的奖金是否补给他，而B公司是否会拖欠他的奖金。谁来补这个奖金无所谓，关键是自己不要有损失。第二，B公司是否真的需要他？凯文当即回答：“如果B公司没有诚意，就不会请猎头公司帮忙了。关于第一条，我们绝对可以帮助协调，问题不大。”

事不宜迟，凯文当晚就和B公司的常务副总吴用联系了。吴用听后激动万分，马上安排周六和林冲见面。

为了表示诚意，我们的顾问陪着林冲去了B公司，B公司的常务副总吴用、总裁宋江都在恭候林冲。看得出林冲非常高兴，他属于比较典型的知识分子，很要面子。由于双方都比较了解，这次见面完全不像是面试，宋江和吴用带林冲参观了实验室和生产线，大家很投机地探讨了6个小时。宋江最后很诚恳地提出欢迎林冲加盟，并表示既然聘请了科特杰，就由科特杰负责后续事宜。林冲也表示自己不是唯利是图的人，会仔细考虑一下，在一周内给出答复。B公司随后安排了车送林冲回府。根据我们的经验判断，林冲肯定要回去和老东家最后交涉一下。虽然林冲有意向，但是

煮熟的鸭子一样可以飞走。战争才进行了50%，而战争的成败往往是由最后5分钟决定的。

很快，一件意想不到的对我们有利的事情发生了。当林冲向老板王伦提出自己想离开的想法时，王伦居然没有任何挽留，他反而说："如果你走，你的分红就没有了，你自己考虑吧！"林冲非常气愤，觉得自己不值得再为其卖命了。他马上给我们打了电话，说只要B公司给20万元补偿自己奖金的损失，然后再给25万元的年薪他就可以过去。为了表示20万元的补偿金不是乱开的，他仔细地和我们算了算A公司欠自己的奖金，总共23万元。看得出，林冲是一个比较严谨并不乱说话的人。我们立刻向B公司的老板宋江转达了林冲的意思。宋江的回复出乎我们的意料，他说："不能只补20万元，这不好，总不能让他受损失吧？就补贴25万元吧！至于年薪25万元，这个数字也低了点儿，我们就把25万元当底薪吧。分红参照副总级别，估计每年在10万~30万元。合同我们已经准备好了，如果林冲没有问题就马上签吧！"

当我们将准备好的合同和宋江的意思转告给林冲后，林冲几乎不敢相信。待情绪平静后，林冲淡淡地说："本来我准备就算走也要将一款新产品在A公司做完，但是老板这么不仗义我就不做了。我留着去B公司再做吧！"凯文询问："会不会有什么法律风险？"林冲说："绝对没有！第一，A公司和我没有签署任何竞业协定，我有权利走，而且公司还欠我奖金；第二，我不会带走任何技术资料，所有的资料都在我脑袋里，而且我会正常交接的。但可以肯定，我走了，A公司根本做不出新产品。王伦太抠门儿，给的薪水太低，研发部门连个本科生都没有，根本没人接得起来。B公司的设备要好得多，A公司的硬件也不行。”

就这样，两个星期后林冲加盟了B公司，仅仅用了两个月的时间B公司的新产品就问世了。这款产品在很多性能上超过了跨国同行的产品，当然更在A公司之上。又过了几个月，林冲给我们的同事打了个电话，表示非常感谢我们推荐了这个职位。他比过去受尊重得多，也找到了自己的定位。临了，他说A公司已经开始发不出工资了。我们的同事吃惊地问，怎么会这样？林冲说，A公司的家底本身和B公司就不能比，过去占上风完全是产品有优势。现在产品反而落后了，产品能耗高了20%，所以完全滞销。谁会购买能耗高20%的产品？另外，A公司在前一段时间特别乐观，花费了大约2000万元建厂房，结果反而成了大包袱。看来，A公司真的要一蹶不振了……

这个案子就这么结束了，留给我们的反思很多。我不认识A公司的老板王伦，如果我认识，我真的要问几个问题。

第一，为什么劳动合同中一点儿约束性条款都没有？任何锁都不能完全防盗，但连锁都没有则是鼓励别人来随意取用了。

第二，为什么有钱建2000万元的厂房，却不能给林冲改善一些待遇？很多中国企业舍得在硬件上花钱，喜欢花钱装门面，却对软实力重视不够。

第三，就算不能给林冲改善待遇，为什么不能让林冲感觉自己重要一些，挽留林冲时诚恳一些？俗话说，天令其亡，必令其狂。王伦刚刚小富，就不把做了重大贡献的林冲放在眼里，说话居高临下。事实上，王伦是有很多机会挽留林冲的，如果他做得得当，我们是没有机会的。顺着毛摸，狮子、老虎也会被打动。但反过来，哪句不中听说哪句，忠臣也会有反心！

第四，如果真的要放弃林冲，为什么连替代人选都没有？将鸡蛋放在一个篮子里面是危险的，企业需要团队。但是，王伦在形势大好的时候却连这点都没有考虑。

第五，为什么没有估计林冲的去向？难道林冲辞职后能开一家拉面馆吗？林冲去任何一家竞争对手的公司对A公司打击都很大，当然加入B公司就更是致命了！

同样，我觉得B公司的老板宋江有几点特别值得企业家们学习，这是人才战争制胜的法宝。

第一，礼贤下士。宋江对林冲非常诚恳，根本没有老板架子，中国人内心深处都有一种“士为知己者死”的潜意识，这点胜过了金山银山！人是感情动物，都需要被尊重。以我自己为例，我在百事做管理培训生的时候，有件不大不小的事情找人事部门办，结果被人不礼貌地奚落了几次。只有当时的人力资源总监刘晓华女士对我说：“戴维，我们工作不到位给你添麻烦了！”这件事情过了十多年我还记忆犹新。

第二，不看小钱。很多企业习惯于在任何事情上都讨价还价，而宋江不但不还价还给林冲加上5万元。结果，这5万元不多，但能切中要害，也带来了巨大的回报。我不是觉得压低成本不对，当企业有足够的谈判力时完全可以压价，例如大家都能干这个活，而且很多人都抢着干，这时候你当然会用便宜的。但是，如果用这个逻辑争夺稀缺资源就大大地错了，这只能导致你什么也争夺不到，反而使成本大幅度上升。廉价不意味着低成本!

第三，快速反应。人才战争说到底是一种战争，而战争向来是兵贵神速，不能让对手从容应对。在这次挖墙脚活动中，宋江从面试到决定总共只用了一天时间就完成了，从接触到录用用了也不到一个月的时间。面试、谈判、签约和入职一气呵成。反观有些企业决定录用一个人，需要面试五六

次，每次间隔时间都要几个星期，这种情况下什么机会都丧失了！！

第四，善用外力。B公司也就是一家不到两个亿规模的制造业企业，大多数这样的企业是不舍得用猎头公司的，就算用，也就用一些非常便宜的猎头公司。B公司则很大方，该花的钱就花，在支付佣金上没有过多地和我们纠缠。专业的事交给专业的机构去做，人不可能是百事通。

雄鹰折翼

秦信是20世纪90年代中后期进入跨国企业的，应当说他在刚开始的时候职业发展并不太顺利。1995年毕业以后，秦信被分配进入了一家死气沉沉的亏损型国有企业。据说，由于领导对秦信比较重视，所以别的大学毕业生拿大约270元的工资，只他“破例”可以拿到350元多一点儿。但毫无疑问，这点儿钱实在是无法养家糊口，所以工作了一年后，秦信决定南下。

由于社会经验不足，秦信在广东的第一份工作相当不顺。老板是一个有点儿黑社会背景的香港人，对员工没有丝毫的尊重，高兴的时候还要动一下拳脚教育所谓的“不识做”（粤语，意为“不识好歹”）的员工。员工中很少有本科生，秦信得到了老板超乎寻常的关注。由于老板喜欢对他进行一些培养，所以他时常挨老板一顿“善意”的教训。不用说，秦信觉得这种日子没法过了，于是决定押金也不要就逃离这个工厂。秦信在离开那里后又随便找了个地方干了几个月，直到1997年，秦信的好运终于来了。

W公司在中国建厂，需要招募一批储备管理人员。老外可能对中国的春节没有什么概念，居然决定在大年初四面试候选人，原因是所有人都要经过代理总经理面试，而代理总经理只有那一段时间可以安排。当时的人事助理（为数不多的中国人）虽然知道这件事情肯定不妥，但是他在公司内没有什么话语权。结果是通知了二十几个候选人，但到场面试的不到10人。秦信当时没有回家的路费，只好留在广东过春节，他也没有什么朋友，所以参加了面试。由于秦信毕业的学校不错，而且他的英语也说得过去，所以他奇迹般地通过了面试。在这一批总共通过的4个候选人中，秦信明显属于丑小鸭型的，其他3个人都有跨国企业的工作经验，而且有两个人都做到了助理经理的位置。在对跨国企业的理解以及在体面程度上，秦信明显与其他几个人不在一个层次上，但是秦信的进取心给老外留下了非常深刻的印象，再加上用人在即，所以秦信和其他3个人一样都做了见习经理。

在入职一个月后，4个人都被派到美国总部接受培训，而且不知道出于什么原因，培训时间居然长达半年，这在当今这个急功近利的年代几乎是不可以想象的。不过虽说是培训，但在美国的日子比很多人想象的要艰苦得多。W公司将他们安排到了一个靠近墨西哥的工厂，在这个工厂里他们大约有1/3的时间要和蓝领工人一起工作，这让其他3个助理经理叫苦不迭，认为公司纯属刁难。秦信却觉得无所谓，他是吃过苦的人，在国有工厂干过，在前一个公司又被老板“教育”过，目前的情况比过去好多了。所以，秦信的心态是最好的，心态好进步就快，秦信的考评分数也是四人中最高的。当回到中国几个月后，在这四人中只有秦信被提拔为经理，主管工程部。秦信在一年的时间内结结实实地跳了一个大的台阶，他非常珍惜这个机会。根据当时认识秦信的同事评论，秦信勤奋是出了名的。秦信白天几乎不停地走来走去，处理各种问题，开不同的会议；当别人都下班的时候，他却在忙碌地处理大量文本工作。天道酬勤，将相无种，两年后秦信成为了副总监。2000年，原先的一位上司贾任意通过猎头公司找到了秦信，贾任意刚刚到一家跨国企业做了中国区某事业部的总裁，他希望秦信来出任一家合资企业的生产总经理。经过猎头公司的撮合，秦信在2001年年初出任了这个职位，从一个“民工”升到总经理前后用了不过四年的时间，秦信算是创造了一个行业内的奇迹。

但是，天有不测风云，秦信入职不到三年就遇到了一次变故：公司在全球范围内出售他们这个事业部。实际上，这种交易对秦信是没有太大影响的，真正受影响的人是他的老板贾任意。果不其然，贾任意被公司任命为总顾问，总裁这个位置被一个美国人接替，这让贾任意非常想不通，使得一向非常儒雅的贾任意变得怪话连篇，甚至在高层会议上用中文奚落新的总裁。这样，矛盾就更加公开化了，秦信夹在中间非常难受。由于我和秦信有一些交情，他常将这些苦恼向我倾诉，我对他的境况表示理解，不过建议他不要过多地参与这些办公室政治斗争。我的观点是：不管如何交易，秦信的位置是做实事的位置，应该不会受到任何影响。退一万步讲，如果因为并购而产生了影响，新的雇主应该会给他非常丰厚的补偿，而且在这种情况下离职对他的职业生涯不会有太多负面影响。秦信对我的话表示赞同，但是，一件让我意想不到的事情发生了……

有一天下午，我突然接到秦信的电话，告诉我他已经离职了。我感到非常诧异，一个总经理怎么能说离职就离职呢？你总得做一些交接工作吧？而秦信所从事的领域非常狭窄，也不是说找新的东家就能找得到的。秦信给我的解释是，贾任意让几个骨干人员出来和他一起创业，由于时间紧张，秦信几乎没有做什么交接。至于出来做的项目，则是和老东家的完全一样。当时，我哑口无言，我难以相信一向稳重的秦信能够做出这种举动来。这种创业就算成功了也会被人鄙视。工作几乎不交接，用的又是过去的资源，这在职场上属于大忌。说得严重一点儿，这是人品问题。而且，如果前任雇主真的和你较真的话，起诉你也不是不可能。但是，事情已经到了这个地步，我再说又有何益？不过，我还是问了一下秦信为什么这么做。秦信回答，是贾任意强烈要求他们这么做的，因为自己是贾任意一手带起来的，他实在不好让老上司失望。至于不交接工作，也是贾任意提出来的。贾任意告诉他们，公司现在有很多事情要做，公司的律师都在忙着并购的事，绝对没有精力来处理这件事情。而且，贾任意没有辞职，他说公司内部需要有人在，否则信息会不灵，而新公司也由贾任意遥控指挥。

我从来没有见过贾任意，不过经秦信这么一描述，我认为贾任意这个人的品德非常差。他自己不辞职，却鼓动其他人造反，而且创业的方式是如此不光明磊落。这和商业间谍有什么区别？秦信这样辞职年终奖金分文没有，直接损失超过10万元，而且工作都不正常交接，以后怎么在职场上混呢？如果创业不成，再求职也困难了。这么简单的事情，秦信为什么自己不想一下，而贾任意为什么也不替秦信考虑？我委婉地向秦信表达了我对贾任意的看法，但是，秦信根本听不进去。反过来，秦信还劝我不要多虑，他认为他们如此强大的团队，再加上贾任意的英明领导和人脉，肯定可以成功。他告诉我，目前先靠这几个人的投资，等到有一点儿规模的时候再引入风险投资，然后让公司上市。说到这个份儿上，我认为已无话可说了，看来秦信真的被人洗脑了！我对他的前景充满了担忧。

这个投机色彩非常浓厚的公司一开局就特别不顺利，他们的资金不足，也没有信用记录，而他们所从事的行业需要大量资金。这种捉襟见肘的情况让他们的潜在客户不敢和他们合作，而供应商则不肯给他们任何信用额度。至于贾任意的所谓的“人脉”，更是一点儿用也没有。第一，贾任意根本没有辞职，很多场合他不能堂堂正正地出现。第二，似乎没有那么多客户和供应商给他面子。当贾任意发现这个问题后，他开始在所有场合与新公司划清界限。更为恶劣的是，贾任意的所谓的投资在其他人的钱都到位以后却始终不到位，原因总是千奇百怪。这个公司在折腾了大约半年以后只得关门大吉。最后的结果是，秦信和其他几个投资者每人直接亏损几十万，贾任意却毫发无损。当部门出售结束以后，贾任意拿了一笔天文数字的赔偿金，之后又很快为自己找到了另外一份高薪的工作。贾任意对秦信以及其他几个人说“大家有机会再一起做些事情”，但是丝毫没有拿钱出来补贴一下兄弟们的意思。秦信则成为了失业大军中的一员，很难再找到体面的工作，因为他过去的所作所为让他几乎无法通过简历调查这一关。他和我通过几次电话，我都委婉地告诉他我们爱莫能助。一句话，朋友是朋友，生意是生意。我们不可能为了同情朋友而损坏我们的声誉。我非常同情他，也非常理解他，但没有用，我不是他的潜在雇主。根据我最近的消息，秦信的日子过得非常不顺。

我们分析一下秦信为什么身陷困境，我觉得主要原因是他过于轻信别人。我不认为秦信是一个没有职业道德的人，秦信的为人并不差。实际上，秦信想创业并没有错，但错在创业的方式上，而且选错了合伙人。说到底，他太轻信他人了！当时秦信之所以不交接，是因为贾任意对公司以及新来的总裁进行妖魔化的描述，并过度乐观地描绘创业前景。实际上，这两条都不成立。他们服务的公司并不差，公司卖掉原先的业务是从全球战略上考虑的，而公司对员工考虑的还是很多的，贾任意能拿到天价赔偿金就是一个例子。如果秦信在出售结束后正常离开也可以拿到相应的赔偿金。而对前途的乐观估计，连贾任意自己都不信，否则他为什么不辞职？为什么他的资金不到位？这些道理根本不难理解，而秦信当时却信以为真，这不是典型的因轻信他人而使自己受损的例子吗？

我觉得秦信首先必须走出失败的阴影。这次失败对秦信的打击非常大，秦信从一路顺风变成了四面楚歌。但事情发生了，后悔是没有用的。事实上，秦信还是原来的秦信，他的职业素质并没有降低，只要他的心态不要变得消极，这次变故对他的职业发展造成的影响可能几年就会消失。

秦信面临的选择是要么创业，要么改行，想再回到原来的行业是不太可能了。说句比较现实的话，他们过去将事情闹大了。秦信的职位不低，雇主会做简历调查，有哪一个雇主愿意雇用一个有过直接发动“兵变”历史的人呢？很多问题秦信是无法解释的，也解释不清楚。所以，秦信要么换一个行业做经理人，要么再创业，而继续进行一些一厢情愿的尝试没有太大意义，而且秦信必须放低要求。如果他在换行业的时候以过去的待遇为参照，我想他可能要继续失业。我认为，秦信可以考虑先进入一些有前途的行业，毕竟很多管理和专业技巧是共通的。我相信，以秦信的聪明才智和勤奋，必定会走出困境的。

我祝福并坚信这一天可以早日来临。

后记

猎头十年

从2002年从事猎头行业以来，不知不觉我在这个行业超过了十年。十年中，我算是阅人无数。我见过无数的职业经理和企业老板，土的、洋的、温文尔雅的、飞扬跋扈的。和一些人的合作非常愉快，和另一些人的合作就像一场噩梦。但这就是生活。十年，弹指一挥间！人生有几个十年啊，不总结一下真对不起这段岁月。

如果盘点我这十年，教训无数，走了非常多的弯路。但是，也的确学习到了很多东西，最大的收获就是对人性的理解比过去提高了很多。我一年遇到的关于高层职位选拔的问题比很多企业家一辈子遇到的还要多，我看到、听到的用人方面的成功和失败的案例可能比普通人多一百倍。毕竟，我在做用人的工作啊，我始终做着旁观者。这十年中，我遇到过无数用人方面的错误，但是，如果说在用人方面最可怕的错误，我觉得不是薪资高低的问题，也不是所谓用人艺术的问题，基本上这些是战术层面的问题，最大的问题在于你将人放在了错误的地方。这样，无论你如何激励、培训和拉拢都得不到预期的效果。换句话说，让猪上树基本不可能，就算能上树，代价也无法承受。遗憾的是大多数人都高估了找到能上树的猴子的难度，而低估了让猪上树的难度。

所以，我将十年经验用一句话来阐述，就是不要让猪上树。发现猴子的成本只占将猪训练成猴子的成本的千分之一，时间只占万分之一。我不是否认培训的作用，但是你应该培养的是一只猴子而不是一头猪。但是大多数管理者，将时间用在了将猪改变成猴子的进程中。时光在飞逝，我们的生命在被消耗，有时，不是我们不够努力，而是我们的着力点错了，我们将生命浪费在了没有价值或者说价值很低的地方。

同样，很多非常有能力的职业经理人将时间浪费在了像猪一样的上司或像猪一样的公司身上。诸葛亮都辅佐不了阿斗，岳飞都搞不定宋高宗，哥们儿，古圣先贤已经替咱们测试并给出答案了，咱们就不要折腾了吧。君子不立于危墙之下，那么就别和常识较劲了。

我写这本书的目的是让大家搞清楚什么是猴子，什么是猪，什么是我们该上的树。我引用了不少自己发表过的文章，看过我的书的读者大概能找到一些似曾相识的感觉，这点我要先说声抱歉。如果你觉得不爽，可以去我的新浪微博上留言骂我，我脸皮厚，无所谓。但是我的整本书绝对没有一处抄袭，这点你可以放心。水平可能不够，但人品还是有的。

当我开始写的时候，我担心这个话题太小，但是写着写着却惊奇地发现，这个话题太大，几乎可以涵盖企业战略的全部，有点儿不知道该说些什么了。所以，如果大家觉得书写得比较肤浅，我只能说，抱歉了，能力所限，我尽力了。毕竟我不是专职作家，我必须经营好一家公司。受认识所限，我可能是一只称职的萤火虫，但没有能力成为指路明灯。如果你想从这本书中找到人才战略的全部真谛，很抱歉，可能我就是那头要上树的猪。